南京地标

风雨沧桑——总统府

陈宁骏◎著

南京出版传媒集团 南京出版社

图书在版编目（CIP）数据

风雨沧桑——总统府 / 陈宁骏著. -- 南京 : 南京出版社，2018.1
（南京地标）
ISBN 978-7-5533-2135-6

Ⅰ. ①风… Ⅱ. ①陈… Ⅲ. ①国民政府—纪念地—介绍—南京 Ⅳ. ①K878.23

中国版本图书馆CIP数据核字（2018）第015671号

丛 书 名： 南京地标
丛书主编： 曹路宝
书　　名： 风雨沧桑——总统府
作　　者： 陈宁骏
出版发行： 南京出版传媒集团
南 京 出 版 社

社址：南京市太平门街53号　　邮编：210016
网址：http：//www.njcbs.cn　　电子信箱：njcbs1988@163.com
天猫1店：https：//njcbcmjtts.tmall.com/　　天猫2店：https：//nanjingchubanshets.tmall.com/
联系电话：025-83283893、83283864（营销）　025-83112257（编务）

出 版 人： 朱同芳
出 品 人： 卢海鸣
责任编辑： 凌　霄　林莉萍
装帧设计： 王　俊
责任印制： 杨福彬

制　　版： 南京新华丰制版有限公司
印　　刷： 南京凯德印刷有限公司
开　　本： 787毫米×1092毫米　1/32
印　　张： 5
字　　数： 84千
版　　次： 2018年1月第1版
印　　次： 2018年3月第2次印刷
书　　号： ISBN 978-7-5533-2135-6
定　　价： 22.00元

天猫1店　天猫2店

上架建议：旅游・历史

编 委 会

总 序

古今中外，任何一座具有鲜明特色和独特文化的城市，无不存在着若干彰显城市特征、气质和精神的“地标”。这些有形的地标，与城市一同孕育成长、发展壮大，在城市肌体上“自然生长”，与凝结于其中的人和事一道，共同塑造出城市的文化和品格。

南京是举世闻名的历史文化名城，人类文明可追溯到遥远的史前时代。自周元王四年（公元前 472 年）建城开始，至今已近 2500 年。在漫长的发展过程中，自然与人文的有机结合，山川与人物的完美邂逅，景观与文采的虚实建构，使得各个时期的南京都曾产生过地标。这些散布全城的地标，或是一条河流，或是一个湖泊，或是一处古遗迹，或是一座古建筑，它们是这座古城悠久历史和文化内涵的注脚。秦淮河流淌的千年烟雨，明城墙绵延的百里沧桑，大报恩寺辉映的佛光刹影，总统府见证的时代更迭……无不记录了南京的兴衰变迁和悠悠记忆。偌大的南京城中，生于斯长于斯的人们也时刻感受着不同地标带来的魅力。

城南人熟知夫子庙的俚俗繁华，城北人醉心于玄武湖的平静舒展，城西人惯于徜徉在石头城外的莫愁湖边，城东人则钟情于紫金山的雄伟豪迈。正是由于这些地标的存在，南京被赋予了诸多耳熟能详的称谓——龙盘虎踞、中华佛都、天下文枢、胜利之城……而这些称谓，正是南京城市文化的标签和名片。

文化是一座城市的灵魂，体现着城市的软实力。作为城市文化载体的南京地标，很早便引起了人们的关注。明清以至民国的多部金陵老风景画，多以其时地标为描绘对象，可以称得上是对当时南京地标的“检阅”。在建设“强富美高”新南京的今天，随着在优秀文化传承创新、文化产业跨越发展、文化加快“走出去”等方面持续发力，南京奏响了文化强音，城市文化建设迈上了新台阶。在这样的背景下，为了树立崭新的城市形象，塑造有品格、有内涵的现代都市，让全国乃至世界读懂南京、热爱南京，从一个崭新的角度展现南京的魅力，我们推出了这套“南京地标”丛书。丛书以图文并茂、专题叙述的方式，讲述这些地标的前世今生、建筑特征、文化内涵和遗产价值等，力争成为人们品味南京文化的又一力作。同时，希望丛书的出版，能成为这些地标的精品宣传册，以便利海内外游客的造访。

丛书编委会

序　言

总统府建筑群位于南京市长江路292号，地处六朝宫城遗址。明朝初年，这里是王侯府邸。清朝为江南总督署、两江总督署。清康熙、乾隆皇帝下江南时，均以此为“行宫”。太平天国时期，洪秀全在此兴建了规模宏大的天朝宫殿。1871年，曾国藩又在此重建两江总督署。

1912年元旦，孙中山在此开创民国。其后是江苏都督府、副总统府、五省联军总司令部等政权更替。1927年，国民政府定都南京。十年后抗战全面爆发，国府迁都重庆，这里先后成为日军机关和傀儡政权的办公处。抗战胜利后国府还都，这里再成权力中枢。1948年5月，国民政府改称为总统府。

“总统府”从挂牌到撤离，不到一年光景。1949年4月24日凌晨，中国人民解放军占领总统府，宣告着一个新时代即将到来。新中国成立后，这里一直作为政府机关办公场所。2002年，按原貌复制的“总统府”三字挂上总统府门楼。2003年3月，选址在总统府的南京中国近代史遗址博物馆扩建后全面开放。

在南京建都的十个朝代，除了南唐，其他九个都能在总统府内寻到踪迹，“总统府”因此更加具有独特性，成为南京历史文化的地标。现在，“总统府”三个字已成为一个历史的代名词，南京古都遗韵不但能在此寻觅，中国近代风云更是在此际会。走进总统府，仿佛走进近代百年中国的时光隧道，不但能感受到天国成败、督署重修、民国开创、国府定都、抗战迁还、国共和谈、南京解放等一个个历史事件，还能体会到洪秀全、曾国藩、左宗棠、孙中山、谭延闿、蒋介石、林森、李宗仁等一个个风云人物所处的历史氛围。

总统府建筑群作为南京的地标，不仅是全国重点文物保护单位，也是国家 4A 级旅游景区。经过精心规划和多年的恢复建设，总统府以诸多保存完好的近代建筑遗存、独一无二且厚重的民国历史文化氛围、珍贵的文物和史料，以及风景优美的自然环境吸引着来自各地的中外宾客。

目 录

风水俱佳的六朝宫城遗址

总统府位于南京城的中心地段，北倚玄武湖，南临夫子庙，东、西两边分别有长江、钟山相护，风水极佳。现经考古确认，总统府位于六朝宫城遗址地区。中国近代风云不但在此际会，六朝都会的精华也能在此寻觅。

229 年，孙权迁都建业（南京），后将曾居住过的将军府改建成为太初宫。267 年，末帝孙皓在太初宫的东边兴建了规模庞大的昭明宫，后又兴建能容 3000 人骑马游玩的苑城。太初宫、昭明宫、苑城组成了东吴宫城，位于都城中心位置，面积约占都城的四分之一。东晋宫城在东吴宫城的基础上略有扩建。后来的宋、齐、梁、陈宫城沿袭东晋宫城。六朝宫城内部的宫殿规模数量在各个时期虽然略有不同，但基本格局位置却是基本相同的。

陈后主

末帝孙皓的荒淫奢靡导致东吴灭亡，而其后的帝王们没能以此为鉴，有的甚至变本加厉，贪图享受。这里有过歌舞升平，更有过血雨腥风的宫廷争斗、皇朝更替。

西晋灭吴，更建业为秣陵，降格城市等级。东晋定都建康后，经王敦之乱、苏峻之乱，“时兵火之后，宫阙灰烬”。330年，成帝“始用砖垒宫城”，在孙吴苑城故址上建造宫城，历时两年有余，后期又在此基础上扩建。东晋宫城又称“建康宫”，因晋宋时期称朝廷禁省为“台”，故俗称为台城。建康宫正殿太极殿，恢宏壮观。

刘宋灭晋，又经齐、梁，宫城几经战火，屡建屡毁，至陈武帝登基时建康宫城已是一片废墟，数年后才得以“盛修宫室”。后经陈后主不断营建，宫城也到了最后的华丽辉煌时期。

公元589年，隋军灭陈占领建康，如西晋一样，为了削弱建康的政治、军事影响，将六朝金粉之地“平荡耕垦”，并且还用多种措施又一次地破除建康的“帝王之气”，以免被人占领后称帝。“黄旗紫盖”的王气被多次破坏。“台城六代竞豪华，结绮临春事最奢。万户千门成野草，只缘一曲后庭花。”

元时的台城遗址已是“尽为军营及居民蔬圃”。台城结束了光彩华丽、壮观辉煌的历史，如同皇帝变成了农夫，从此没落，残留的金砖玉瓦、高坡池塘经其后800年的坎坷战火、荒芜耕作，以前的皇家气派慢慢地荡然全无了。正如杨修之有诗所云：“六朝遗迹好山川，宫阙灰寒草树烟。”

总统府区域早在1700年前的东吴时期，已是皇城宫阙，后经东晋、宋、齐、梁、陈的不断建设发展，其间有战火兵荒、朝代更替的屡屡创伤破坏，更不乏强盛奢侈的精心营建，历经辉煌300年。而后在隋朝被夷为平地，退宫还田，从“平荡耕垦”后到明初，总统府一带基本上是荒芜了800余年，以至于总统府没有留下什么明显的六朝遗迹，浓厚深重的近代史色彩又大大掩饰、淡化了总统府六朝时期灿烂夺目、光彩耀人的亮丽光环。

“江南佳丽地，金陵帝王州。”现在，人们不但可以从总统府园林池水、形制地貌上寻觅到宫城遗韵，还

六朝博物馆内原址展出的六朝至明代地层

能在与总统府相邻的南京图书馆、六朝博物馆看到原址展出的六朝宫城遗迹。

明朝三座王侯府邸

1368 年，朱元璋定都南京，听从军师刘伯温建议，将皇宫选址在当时较为偏僻的城东，而将皇亲功臣的府邸赐设在了南京城内。长江路东段，也就是总统府的南部区域，先后成为元末起义军领袖陈友谅次子陈理的归德侯府和朱棣次子朱高煦的汉王府,汉府街名留存至今。

1363 年，陈友谅在与朱元璋的鄱阳湖大战中战败身亡。12 岁的陈理回到武昌继位后被朱元璋招降，被封为归德侯。陈理在府邸闷闷不乐，时出怨言，于 1372 年被流放高丽。1408 年，病死他乡。

南京的归德侯府空置了 30 余年，迎来了他的新主人朱高煦，改建为汉王府。朱高煦自幼厌学且生性凶悍，不受祖父朱元璋喜欢，于 1395 年被封为高阳郡王。1399 年，燕王朱棣起兵靖难，命世子朱高炽留守北平。

朱棣

朱高煦随军出征，屡立战功，并救过朱棣之命。朱高煦因受父亲赏识而自负，恃功骄纵，多行不法之事。

1403 年，朱棣继位，就曾有重臣建议立朱高煦为储。1404 年，朱棣在反复考虑后，立长子朱高炽为太子，而封朱高煦为汉王，藩国云南。朱高煦道：“我有何罪，要被赶到万里之外。”不肯前往藩国，执意留在南京。

朱高煦在汉王府内自比唐太宗，为所欲为，并多次挑拨是非，陷害太子。1415 年，朱高煦被改封到青州，仍不愿前往。朱棣开始疑心其夺嫡之意，下诏催他就藩。朱高煦仍不肯动身，并私自挑选卫士，招募精兵 3000 人，僭用御用车马器物。

1416 年，成祖返回南京，得知朱高煦违法之事达数十起，对其予以痛斥，剥夺冠服，将其囚禁在西华门内，准备将他废为庶人。太子朱高炽念及兄弟之情，极力求情，成祖才削去朱高煦的两护卫，将其亲信诛杀。1417 年，朱棣将朱高煦徙封到乐安州（今山东惠民），并命他即日起程。朱高煦到达封地后，心怀怨念，仍蓄意待机谋反。

1424 年，太子朱高炽继位，增加朱高煦俸禄，赏赐宝物数以万计，还将他的长子封为世子，其余儿子均封为郡王。但仍难改朱高煦的反叛之心。1425 年，朱高炽病逝，太子朱瞻基从南京赶往北京奔丧。朱高煦打算在半路设伏，截杀朱瞻基，但由于行动仓促，没有成功。不久，朱瞻基继位，是为明宣宗，厚待朱高煦。而朱高煦却认为宣宗软弱无能，更加骄横狂妄。

朱高炽

1426 年，朱高煦起兵造反，再次被擒。群臣纷纷上奏请求明正典刑。宣宗不许，还把弹劾奏章给朱高煦看。朱高煦叩首道："臣罪该万死，惟听陛下处置。"朱高煦父子后被废为庶人，关押在皇城西安门内。平息朱高煦叛乱一事还被编写成《东征记》，昭示群臣。逆党王斌等人伏诛，同谋伏诛者 640 余人，因故意放纵和藏匿反贼而被处死或戍边者计 1500 余人，另有 720 人被发配。

宣宗探视朱高煦时却被故意绊倒，怒令人用 300 斤重的铜缸将朱高煦扣住。朱高煦勇武有力，竟将大缸顶起。宣宗又命人在铜缸周围点燃木炭，把朱高煦活活炙死在铜缸内。朱高煦的几个儿子也全都被杀。

朱高煦因是叛臣而没留下任何画像，其王府在明代

沐英

也无明确位置记载。汉王府从此销迹，而其西北及东北的沐英王府及武定侯竹园随主人迁居而渐渐没落。

沐英是明朝开国功臣，被朱元璋收为养子。1376 年因军功被封西平侯，赐丹书铁券。1381 年，平定云南并留滇镇守。1392 年，病逝于云南任所，年仅 48 岁。朱元璋命归葬京师，追封黔宁王。沐氏子孙世代承袭，镇守云南直至明朝末年。南京的黔宁王府渐渐荒废。

郭英早年跟随朱元璋起兵，身经百战。1384 年，被封武定侯，受命镇守辽东、陕西等地，其间曾掌管宫廷禁兵。后因讨伐燕王失败，被登基后的朱棣罢官。1403 年在家中去世，终年 67 岁。据明《客座赘语》："武定侯竹园在竹桥西，汉府之后。"武定侯府也从此销声匿迹。

郭英

明朝初期，归德侯府（汉王府）、黔宁王府、武定侯竹园

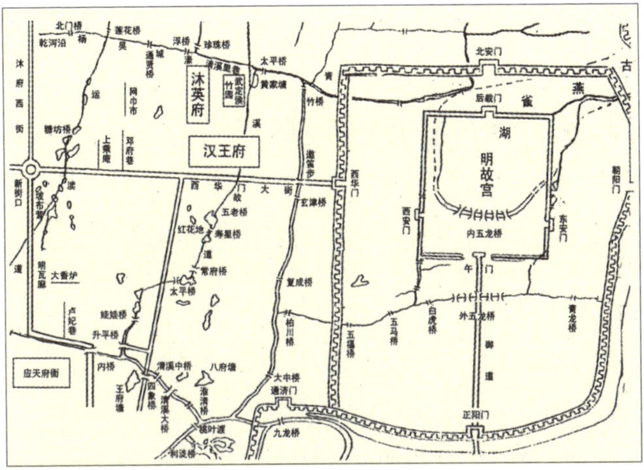

明代洪武元年（1368）至永乐十三年（1415）汉王府、黔宁王府、武定侯竹园位置图

自南至北呈“品”字形分布在现在的总统府及周边范围内。这三座府邸在盛极一时之后，都人去楼空而没落荒芜。至明朝中期，这里成为供应粮仓的大仓（太仓）而名为大仓园。汉王府的东头因门前均有石狮的三户官宅，而名为大狮子巷。至明朝后期，江南督学宗敦一等官员也居此附近，长江后街曾名为宗老爷巷。

在宗老爷巷（长江后街）附近出土的嘉言碑

两江总督署的新建

清军南下，许多明朝官员投降，宗敦一降清后任江南道监察御史、顺天学政等职。明朝最著名的降将洪承畴受到清廷重用，在 1645 年占领南京后，“总督军务招抚江南各省”，敕赐便宜行事，是江南地区等级最高的官员，选定大仓园及大狮子巷以北区域，即汉王府遗址新建办公衙署。他以“原官、司留任，不念旧故”为条件，招抚、举荐大批明朝降官，请求减免钱粮，停征漕运税，缓和满汉之间的民族矛盾，用平和的方式招抚两江地区，少遭兵火洗劫。

1647 年底，洪承畴因父丧，回乡守制，后奉召返京，再次入内院佐理机务。马国柱、马佩鸣等人在洪承畴离任后先后主政江南。虽然两江地区总督的设置和管辖区域几经变化，江南、江西时分时合，但洪承畴选址的督署均为两江地区或江南省的最高行政办公衙署。按照规制，多次修葺完善后的督署从前至后，照壁、辕门、仪门、朝房、大堂、二堂、暖阁、六科，一应俱全。朝房作收捕、收费、签押、听差之用，左右廊后面是关押犯人的监狱，衙署前面为总督处理公务之处，后面为起居生活之所，西侧有一花园。

两江总督正式设立始于1665年，管辖范围大致为现在的江苏、江西、安徽三省及上海市，经济上是国库漕赋的重中之重，政治地位仅次于直隶总督。

首任两江总督为明朝降将熙载之子郎廷佐，他从1655至1668年督两江区域。当时复明势力暗流涌动，

位于太平湖西岸的“关帝庙”遗址

郎廷佐正确领会顺康两帝剿抚并施意图，较好地处理了满汉矛盾，于1658年在总督署旁重修关帝庙，用关帝“忠”“义”思想缓和民族矛盾，削弱民间反清势力，巩固清帝统治。关帝庙次年建成，郎廷佐亲自致祭并撰写碑记。同年夏季，郎廷佐以不足3万兵力击败了郑成功势如破竹、兵临城下的10万大军，并一举稳定了长期动荡的长江以南流域，使人民结束了兵燹动荡之苦。

在两江总督署南边，一街之隔的是江宁织造府（署），康熙南巡时就多次驻跸。江宁织造地位仅次于两江总督，多由皇帝亲信担任，可直接上报情报，权势显赫。祖上三代四人担任江宁织造要职的曹雪芹，幼时娇生惯养、养尊处优，享受着家族荣光，雍正初年因家族没落，后迁居北京。

乾隆巡游江南时，总督署西侧扩建有行宫，以迎圣驾。两江总督署因御驾亲临而留有一些典故和遗迹，尹继善为迎接乾隆而修葺的“不系舟”现已成为总统府历史最为悠久的建筑。

立于发现原址的两块石碑

尹继善是任职次数最多、任

不系舟（摄于20世纪30年代）

不系舟（今景）

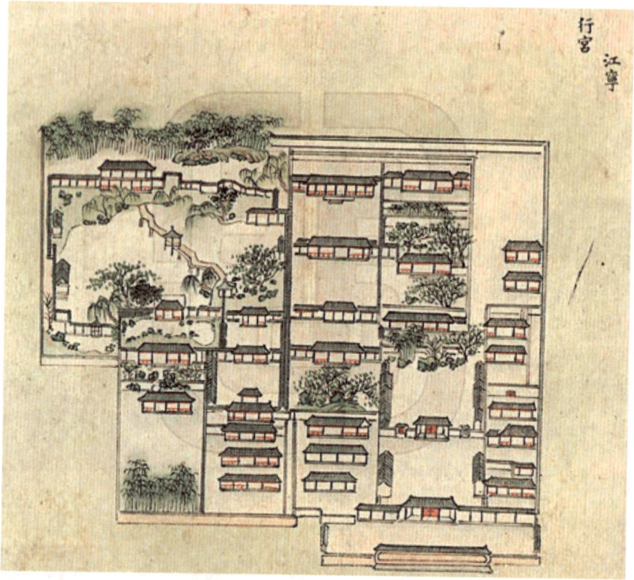

乾隆《南巡盛典》之江宁行宫

期最长的两江总督，先后在江南为官 30 余年，四督两江共计 18 年。1751 年，尹继善为了“迎接圣驾”，特将江宁织造署西部扩大为行宫，并把总督署西花园改为行宫花园，“窗楹栋宇，气势壮观”，“江南好，第一是行宫。辇路草长含晚碧，御衔花嫩发春红，驻跸记乾隆”。现大行宫十字路口外，即为当年行宫门址。乾隆在督署内看到这屹然不动、稳如泰山的石舫，御笔题写“不系舟”。

1759 年，45 岁的曹雪芹南游江宁，出任两江总督尹继善的幕僚。虽然时间不长，但故地重游足以唤起童

乾隆御碑亭

漪澜阁

年回忆。曹雪芹次年回京，继续写作《红楼梦》，将不系舟、漪澜阁等景物写进《红楼梦》之中。

两江总督在清朝是个肥缺，一些官员正是在这个高位上贪污受贿、贪图享受而受到参报弹劾的。乾隆正是出于此考虑，先后御赐两江总督萨载、书麟各一块诗碑，提倡君臣一致，廉洁自律、勤俭尽职，为国为民多做好事。这两块“倡廉”碑现立于夕佳楼西侧。

1784 年，乾隆第六次南巡后，感到沿途供张靡费，劳民伤财，特别是官吏借此贪污，中饱私囊，于是下诏“不再奉行南巡”，并永作禁例，“戒后世子孙不得引此为例”。此后，行宫花园就又成了总督署的西花园。

英和题写“煦园”

英和

除了皇帝御驾亲临，还有多位京官也到过督署，嘉道年间的朝廷重臣英和就是其一。英和是礼部尚书德保之子，从小工诗文、习书法，加上聪明好学、相貌英俊，很是招人喜爱。当时权势鼎盛的和珅看中英和，一心想召为女婿，被拒绝后搞得十分难堪，多次报复英和父子。乾隆去世后，嘉庆继位，英和受到重用，历任户部尚书、协办大学士、军机大臣等职，官至一品。

英和数度游江南，结识多位两江官员，曾小住于督署，在《留题金陵》中题有对桐音馆周边桐树、桂花的描写："桐经寒后音多苦，桂及花时露有香。如此胜游长作客，几回翘望大功坊。"时至今日，桐音馆边桐树参天，桂花八月依旧飘香。英和的"海漕"建议就是得到时任江苏巡抚陶澍的大力支持，才得以顺利实施。

江南是清王朝的国库漕赋重地，每年的漕运都是由河道运输，一旦旱涝，则受阻难以通行，损失重大。1825年，洪泽湖堤决口，漕运受阻，海漕之事再次朝议，众臣大都因没有先例而大言不可。漕运之事一直是个难题。

英和的"海漕"上奏终于得到道光帝的认可，下诏令各省拿出具体方案来。大多省份都推诿，只有时任江苏巡抚的陶澍全力支持推行海运，拔苏、松、常、镇、

西花园桐音馆

太五地漕粮分批海运。至次年 2 月，运至天津的漕米共计 122 万余石，船只无一漂损，而且运到京城的大米，成色晶莹，质量超过漕运，海运成本是河漕的一半都不到。漕船顺利到达天津后，道光帝大喜，诏奖英和与陶澍，特赐英和紫缰、陶澍花翎以示表彰。后来，漕运改为海运最终成为定制。

英和与陶澍由此也结下深厚友情。英和比陶澍年长 8 岁，两人不仅都精于诗文书法，政见上也是相得益彰。英和不但通达政体、文武兼备，从小临摹多宝塔帖，成年后即得赵孟頫之神，后来拜师于刘墉门下，工诗文、善书法，并兼长绘事，其妻萨克达氏亦善丹青。英和楷、隶、篆、行、草各体皆精，晚年又兼以欧、柳体而书，自成一家，书法造诣深厚，与刘墉及乾隆帝十一子成亲王永瑆并名当世。

陶澍

陶澍是我国清代嘉道年间的朝廷重臣，好结交贤雅之士，25 岁中进士后在京期间就表现出相当的组织领导能力，发起成立消寒诗社，后改名宣南诗社，汇集了林则徐等一批风华正茂的青年才俊。1825 年 5 月，陶澍由安徽巡抚调任江苏巡抚并请缨试行海运，当时林则徐已

升为江苏布政使，陶澍在林则徐的配合与支持下，颁布实施了《约束水手章程》，完善了漕运制度，保证了漕运改革的顺利实施。1831 年，陶澍升任两江总督兼两淮盐政，林则徐升任江苏巡抚。陶澍善于识才，更善用才，在治水、盐政改革上也多有建树。两江政绩显著，百姓富足。

道光年间，督署西花园大修，“煦园”二字就是英和在此期间所题，并嵌于门额之上。据《周一良读书题

西花园内的“煦园”碑刻

清代《潞河督运图卷》(部分)

记·恩福堂笔记》:“英和,号煦斋,总督两江时于署中建煦园。玉山老人在两江任,从兄煦良生于署中,因取为名。为此书作者与我家渊源也。”

玉山老人为后任两江总督的周馥,《恩福堂笔记》为英和所著,周一良是周馥孙辈。从周一良的这段文字中我们可以看出英和与煦园关系,并且很高兴英和因为“煦园”而与周家有渊源。英和并未任过两江总督,这可能是因与两江的关系密切而被误读。

周馥

英和晚年官场失落,后被发配至黑龙江充当苦役,60岁才得以释放返回原籍,

煦园

1840 年去世，享年 70 岁。英和，号煦斋，清人用字号命名园林并不少见。英和时为朝廷重臣，居住督署正逢其政治生涯、书法造诣均处顶峰之时。督署西花园在道光年间大修时，英和题写“煦园”。但是后来英和官场衰落，故而渐渐无人提及。

1980年，西花园对游客开放，有人臆想“煦园”因“朱高煦”而名，看似合理，却难经推敲。朱高煦生前为亲王，名字应予避讳，后因反叛而与诸子皆被诛灭，名字应该忌讳。南京汉王府的位置在明及清初均鲜记载，更不要说用其名字命名园林了。此说“流传”虽仅 30 余年，却大有“以讹代真”之势。

洪秀全深居宫闱

1853 年 3 月，太平军由武昌顺江而下，势如破竹，19 日攻克江宁（南京），并定都于此，更名为天京。此前，关于定都，太平军内部意见不一，还有意向定都北京、河南。为了统一思想，东王杨秀清发动 41 位文臣论证建都，编成《建天京于金陵论》。“天京是按照上帝的旨意而取得名字，如同天国是按照天父之命而起得名称一样”，故名“天京”。

洪秀全占领南京后与随从们巡查

洪秀全定都天京后，立

即下诏："今朕既贬北燕地位妖穴，是因妖现秽其地。妖有罪，地亦因之有罪，故并贬直隶省为罪隶省。天下万国朕无二，京亦无二。天京而外，皆不得称京。"太平天国将领认为"京亦无二"，天京是独一无二的帝都，北京只是"妖穴"。

太平天国起义百年纪念碑

洪秀全进城后，初驻跸藩司衙门（今瞻园），4月迁入修葺后的清廷两江总督衙署，并同时在周边大兴土木，新建天王府，又称"天朝宫殿"。天王府的兴建，经历前后两期工程始竣。第一次刚建成就遇火灾。次年正月，天朝宫殿重新扩建，殿阙巍峨、壮丽无比。

天王府的建筑平面，呈一南北向的长方形，"周围十余里"；四面数丈高的宫墙蜿蜒环绕，分内外两重，"外曰太阳城，内曰金龙城"；宫墙之外，开凿一道深二丈的"御沟"（护城壕）。同北京的紫禁城相比，天王府"似乎不在彼之下耳"。据史料推断，大致范围如下：东沿黄家塘至利济巷，西临碑亭巷一线，北到杨吴城濠（今珍珠河），南抵科巷一带。面积远远超过两江总督署。

外城南部有一巨大广场，最南端是宽逾九十丈的黄色大照壁。照壁以北，品字式的三座牌坊拔地而耸，分别为“天堂路通”“天子万年”“太平一统”。牌坊之侧竖有“文武下马牌”。广场中央建有数丈高的“天父台”。广场北尽头御沟上建有“五龙桥”，通往“真神荣光门”，这是天王府外城头道大门，又名“天朝门”。门前侍卫森严，门外挂有“大小众臣工，到此止行踪，有诏方准进，否则雪云中（砍头）”黄绸大字。

内城头道门是“真神圣天门”，门两侧有“吹鼓亭”，沿中轴依次为“金龙殿”“基督殿”“真神殿”等九进殿宇建筑。金龙殿又称“荣光大殿”，位置在现在的大堂，是洪秀全处理公务的正式场所。天王府的最后及东、西两侧是“后林苑”和东、西花园，奇花异草，台榭亭阁。

洪秀全、杨秀清等天国领袖在定都南京之后，一改以前“不过红袍红风帽而已”的朴素作风，带头在城里大兴土木。杨秀清的东王府三次迁建才定址。上行下效，太平天国众将领也都“争先恐后”地掀起“建府热”。天王府更是不断加以营建，直到天京沦陷，还未完全竣工，就被湘军一把大火烧毁了。这座只存在了10年的宏伟建筑，都没有详细的记载和描述。

天王府的宏伟可从现在的“天王宝座”“天王书房”“机密室”“内宫”等场景复原中略见一斑。“天王宝座”金碧辉煌，匾额上书“太平一统”，两边悬有对联“天命诛妖，杀尽群妖，万里河山归化日；王赫斯怒，勃然一怒，六军介胄逞威风”，意思是天王受天父之命，率领太平军讨伐清廷，杀尽“清妖”，使中华大地重见天日。屋里陈设的种种珍玩，“俱价值连城物”，其中不乏稀世之宝。

在占领南京之前，洪秀全就已经暴露出农民起义领袖的通病，在天王府中就更加沉迷于奢华享受之中。洪

场景复原的“天王宝座”

秀全原配段氏早逝，在广西又娶赖氏，在金田起义时选美纳妃 15 人。一年后在广西永安围城中，“洪秀全耽于女色，有 36 个女人”。天王府内有多少洪秀全的嫔妃，至今仍有多种说法。据英国人富礼赐所述，“闻知宫内只许女子居住，且有逾千之数”。

洪秀全不但妻妾越来越多，宫女也很多，到底有多少？有种说法，总共 1000 余人。还有一说，洪秀全妻妾有 108 人。另据《江南春梦笔记》中分类评列：王后娘娘下辖爱娘、嬉娘、妙女、姣女等 16 个名位共 208 人，24 个王妃名下辖姹女、元女等 7 个名位共 960 人，两类共计 1168 人；另有服役的女官，以二品掌率 60 人，各辖女司 20 人，合计为 1200 人。各项人数加起来，总计有 2300 多名妇女在天王府陪侍天王。每逢洪秀全生

天朝宫殿模型全景

日，还有专人送上美女 6 人。这些美女不止从南京选来，还从江苏其他占领区先选拔年轻美女到南京备作候选者，以致外国人到南京，都觉得南京美女多。据载，幼天王洪天贵福被俘后的供词中所提：我有 88 个母后，我 9 岁时父王就给了我 4 个妻子，一般以此断定洪秀全有王妃 88 人。

洪秀全从 41 岁进南京城至 51 岁死亡，在“逍遥宫”里生活了 11 年，从未走出天京城门一步，既不上马杀敌，也少过问朝政。11 年间仅颁布过 25 篇诏书，1854 至 1858 年更是空白，5 年竟然未发一诏。连曾国藩也感到奇怪：“洪逆深居简出，从无出令之事。”

政教合一的政治特征，潜伏着权力再分配的矛盾，导致太平天国内部危机加剧。天王与东王矛盾由来已久，洪秀全虽为“一国之君”，自命为天父次子，但在杨秀清行使“天父代言”之权时，洪则只能作为杨的儿子而跪拜听命。

杨秀清有次假借“天父下凡”到天王府，指责洪秀全虐待宫中女官。因洪态度较好，而名免“即仗四十”，后令天王交出数位女官带回东王府“安享天福”。东王后来又逼封万岁，更是导致“天京事变”的发生。

“天京事变”之后，洪秀全没有能够全面分析总结这次变乱的根本原因，只是片面地吸取教训，封两个哥哥为王，挟制总理朝政的石达开，进而剥夺石的辅政之权。1857年6月2日，石达开离开天京，脱离洪秀全“远征”，最终于1863年在四川全军覆没。太平天国后期虽出现英王陈玉成、忠王李秀成等杰出将领，但也只能延缓颓势。

现在，我们可以从“天王宝座”两边的“天命诛妖，杀尽群妖，万里河山归化日；王赫斯怒，勃然一怒，六军介胄逞威风”联中体会出太平军占领南京后气吞山河的雄心壮志，也能从天王宝座外“尊天父开天国是非功罪千秋鉴，自金田到金陵成败兴亡一警钟”联中感悟到太平天国由盛而衰的经验教训。

湘军火烧天王府

1864 年 2 月后，天京城被湘军重围，内无粮草、外无救兵，全城饿死者愈来愈多。才过五旬的洪秀全带头在天王府内食用草团充饥，病入膏肓，于 1864 年 6 月 1 日病逝于久居的天王府中。

7 月 19 日，湘军攻入天京。28 日，曾国藩赶来南京后就布置寻找洪秀全“瘗尸处”。30 日，在宫女黄氏指引下，将“不用棺木”“遍身皆用绣龙黄袍包裹，虽裤脚亦系龙缎”的洪秀全全尸在荣光大殿下掘出。天王“头秃无发，须尚全存，已间白矣，左股胯肉犹未脱”，尸体尚未变腐。8 月 1 日，曾国藩命人“戮尸，举烈火而焚之”。

虽然曾国藩发布过“凡发掘贼馆窖金者，报官充公，违者治罪”的命令，但被久欠军饷的湘军进入天京后，

洪秀全尸体从荣光大殿地下被挖出

天王玉玺

像饿狼一样烧杀奸淫，肆意抢掠，洗掠全城，天王府亦遭劫难。最先攻入天京的曾国荃更是“抢得先机”，不但捞尽了地上浮财，还搜寻天朝窖金。相传，曾国荃将湖南双峰的故居“大夫第”装修得富丽堂皇，所用钱财就来自于此。

湘军一把大火烧毁天王府，也毁灭了抢劫证据。曾国藩向同治帝上报说除了二方“伪玉玺”和一方“金印”，别无所获。但在实际行动中，曾国藩却听凭湘军掠取浮财。另有记载：“宫保曾中堂(指曾国藩)之太夫人，于三月初由金陵回籍(湖南),护送船只,约二百数十号。”如此多人，是护送窖金，还是其他重要物品？天王府的众多物品流落各地，洪秀全的天王宝座现存在四川刘文彩庄园里。

天王府虽经大火焚烧，但并没有完全“化作荒庄野鸽飞”。天王府劫后“大门前二吹鼓亭犹存，大堂如故，两檐柱朱漆彩画，中楹上悬直匾，嵌金字曰荣光大殿，大堂后穿廊如故……二堂以后屋全焚。验其残墙，似分左右二区。每区大楼五层……楼前各有石船二，长约八九丈，石船上有木房，已毁。后园有小石山，山有洞”。多种记载表明，金龙殿大殿、暖阁、穿堂及左右附属建筑和东、西花园等都没有完全烧掉，并且有些犹然存在。

据传，洪秀全建天王府时，是倾“全国”所有，掠各地宝物于宫内，其他许多王府也都藏金。据《淞沪随笔》记载：“城中四伪王府以及地窨，均已搜掘净尽。”太平天国在南京苦心经营十载，一直就有洪秀全窖藏金银财宝的传说。攻打南京城的湘军也确信这个说法，待到破城之日，湘军四处掘窖。天王府宝藏被抢多少，无

现存于四川大邑县刘文彩庄园的天王府紫檀木座椅

不系舟上的太平天国图案

从查寻。天王府宝藏还有多少未被发现，也无定论。百余年来，天王府地下从未进行过彻底勘查。金龙殿下边到底有些什么，天王府地下有没有藏金，这还真是个谜。

现在的总统府内“不系舟”石舫、假山、“纶音”碑额、“侍卫府胡衙界碑” 及一些抱鼓石、石基等石质、瓦质的建筑材料等均是经过湘军大火后而留存至今。1991 年，在总统府东北竺桥发现天朝宫殿所属侍卫府的壁画珍品《棕石鸡乐图》《秋日雁鹿图》《湖山泛舟图》《竹石玉兔图》《松鹤桃寿图》《喜临夸苑图》，现已整体移至堂子街太平天国壁画艺术馆保存。另外，西花园的两棵女贞、一棵银杏，据树龄推断，这三棵老

夕佳楼

树也是经历过湘军大火而劫后余生的。

由于新中国成立后对太平天国的充分肯定，在西花园的维修改建中，大量地运用太平天国特色的图案装饰，如南方海鱼、喜鹊犀牛、猴鹿、瓶鼎、“王”头狮、龙、豺、虎、龙凤滴水等等，足以乱真。夕佳楼上的“团龙”，也是新中国成立后根据太平天国风格所建。

曾国藩“在官建衙”

曾国藩

清廷对于占据江南的曾国藩心有余悸。曾国藩自裁湘军，急流勇退。非湘非淮的马新贻在1868年接替曾国藩出任两江总督，1870年8月在校场遇刺身亡。因“天津教案”而背负“卖国”骂名的曾国藩，受命第三次出任两江总督，第一件事就是审理“刺马案”。

此前，虽然刺客张文祥当场被擒，但“供词尚属支离”，两宫皇太后认为“尚有不实不尽”之处，故令曾国藩再审。将近六旬的曾国藩南下之前特经北京拜见慈禧，获赐“勋高柱石”匾额等物，于12月3日抵达南京。

过了1871年春节，曾国藩才开审刺客，进展甚微，依旧查不出“幕后黑手”，终将张文祥凌迟处死而草草结案。“刺马”故而成为清末四大奇案之一。现在看来，可能与湘军被裁后基层士兵生活困顿有关。曾国藩当时真是进退两难，难以深入追查。

经过“天津教案”“刺马案”煎熬的曾国藩身心疲惫，看到荒芜数载的遗址，决意重修督署。曾国藩“移情于山水园林建筑”，在天朝宫殿一堆布满瓦砾和焦炭的废墟上重建两江总督署，真可谓是煞费苦心，所有建筑的格局、式样，甚至风水，都有他的主张和意见。

1871 年春，新督署初步建成，房屋楼阁共 1189 间，“极宏壮矣”。11 月 22 日，督署尚未最后竣工，曾国

两江总督署模型

藩就搬了进去，“是日咳嗽，不甚成寐”。虽是多病缠身，但这段时间却是曾国藩较为惬意的时光。曾国藩右眼失明已有两年，左眼模糊，许多人劝说要静养，都因为公务繁忙而未能休养，身体有时不适，也不喜欢吃药。“视生死之际，弥绝怡然无累。”曾国藩批文、写字、看书、笔耕之余，或在署内登高望远，或下几盘围棋，不觉有功名利禄随风去、自留清名在世间的超脱之感，回首往事，峥嵘岁月，苍黄悲恸。

1872 年 3 月 12 日，农历二月初四恰是曾国藩父亲的忌日。曾国藩饭前拜过父亲的牌位，饭后吃了些橙子，让儿子纪泽扶他在督署花园散步，想到即将完工的夕佳楼看看。他对纪泽说：“我这辈子打了不少仗，打仗是件最害人的事，造孽，我曾家后世再也不要出带兵打仗的人了。”父子俩边走边聊，曾国藩兴致颇高，但逛了一圈后，突然感到脚有点麻木，渐渐不能行走，还不断地抽搐。曾国藩连呼“脚麻”，倒在儿子身上。

侍从们过来，一起把他扶至花厅内坐下。面对周围聚集的家人，曾国藩不能说话，用手指指桌子，那是他早已写好的遗嘱。曾纪泽双手把纸展开，以颤抖的声音念道：“余通籍三十余年，官至极品，而学业一无所成，德行一无可许，老人徒伤，不胜悚惶惭赧。今将永别，特立四条以教汝兄弟。”这四条就是慎独则心安、主敬则身强、求仁则人悦、习劳则神钦。

待儿子念完，曾国藩努力把手抬起，指指自己的胸口，纪泽、纪鸿一齐说："我们一定把父亲的教导牢记在心！"曾国藩脸上露出一抹浅笑，溘然逝去。

曾国藩重修督署，奠定了今天总统府的基本格局。现在的大堂、二堂、厢房、马厩及西花园主要建筑都为当年所建。太平湖也是那时凿成现在的瓶形，是煦园的中心，东榭西楼，北阁南舫建筑不完全对称地围湖而建，与湖光山色融为一体，妙不可言。另外，鸳鸯亭、桐音馆、花厅、观戏台等建筑错落有致分布。

鸳鸯亭

总统府内的竹林

曾国藩是当时的撰联高手，现在复原的督署大堂外悬有其首督两江时专为督署题写的对联：“虽贤哲难免过差，愿诸君谠论忠言，常攻吾短；凡堂属略同师弟，使僚友行修名立，方尽我心。”意思是说就连圣贤也会有差错失误，希望各位经常针对我的不足提出意见；我希望下属就像老师和兄弟一样，使我的幕僚们，个个功成名就，我才得以放心。

当时与曾国藩齐名的制联高手薛时雨也曾为煦园撰联：“宸翰壁间嵌，想日华云烂，露湛恩浓，遭逢一德明良，退食多闲，绿野平泉公廨筑；都城江左重，幸鲽伏鹣驯，河荣海若，广览六朝名胜，遥岚入座，迂倪颠米画图开。”联语由皇帝御书的“恩暖堂”横额而生发议论，颂扬政治清平、社会安定、人民安居的气象，抒怀咏景，淋漓酣畅，深沉含蓄。薛时雨还有为“退思堂”题联：“赋江南春，六代莺花归眼底；后天下乐，十年休养系心头。”可见煦园有些建筑或毁圮，或已更名。

曾国藩不但与父亲相隔 15 年逝于农历同日，还与冤家洪秀全相隔 8 年死在同一个地方。洪、曾两人的死因有一个共同的民间说法，就是“在官建衙”，民间认为“在官建衙”对建者不吉利。其实清代“在官不建衙”的原因主要有四：一是因为官员们认为后人不能随意改动前人的“相地”，破坏风水；二是官员要树立节俭形象；三是地方官员一般任期短、流动性大；第四是地方

忘飞阁

财政没有这项支出，修衙往往是官员自掏腰包。

曾国藩先后3次督两江，共达12年之久，一时曾有“无湘不成军”“天下提镇无不出于曾帅”之说，可见曾国藩鼎盛时的实力。但曾国藩却无任何“非分”之想，自裁湘军，急流勇退。曾国藩“谢幕”后，李鸿章时代开启，汉人终于在清代渐入京枢核心。许多重臣大多数在两江地区担任过要职。

两江重地多名督

清朝前期，总督多由满人担任；太平天国运动以后，汉人任总督者渐多。从郎廷佐康熙四年（1665）始任至张人骏宣统三年（1911）逃离的247年间，共计有86余人98任两江总督。

于成龙

这些总督中，既有文武兼长的郎廷佐、“高行清粹”的于成龙、“惠洽两江”的尹继善，也有“科场受贿”的噶礼、“失察连坐”的萨载，还有两度遭贬、书法传世的铁保。这其中还须再介绍一下善于识才用才而被中国近代史研究忽视的两江名臣陶澍。

铁保

陶澍在两江地区任职18年，其中任总督10年，不但政绩显著，被道光誉为“干国良臣”，还发现使用了大量人才。除林则徐以外，魏源、贺长龄、李星沅、邓廷桢、陈銮、包世臣、胡林翼、曾国藩、左宗棠等人也都是在陶澍的培养或影响下崭露头角、施展才华的。湖南自古人才稀少，从陶澍为首的湘系经世派开始，湘人在政坛崭露头角，并在中国近代政治、军事上人才辈出，与陶澍是分不开的。清末清流派主将张佩纶对陶澍有如下评价：“道光来人才，当以陶文毅（澍）为第一，……而陶则实黄河之昆仑，大江之岷也。”

“两江总督署大堂”场景复原

1839年，陶澍逝于两江任上，享年62岁。调任两广总督的林则徐作挽联：“大度领江淮，宠辱胥忘，美谥终凭公论定；前型重山斗，步趋靡及，遗章惭负替人期。”字里行间也表达了要继承陶澍事业的坚定决心。陶澍力荐继任两江总督的林则徐“虎门销烟”，名垂青史。

陶澍若不早逝，那就很可能被派往虎门销烟。办事灵活、注重实效，善于运用经济手段的“致学经用”代表陶澍，其禁烟方式或许要“委婉”些，那么近代历史的一些事件或将改变。由于陶澍逝于鸦片战争前，不是中国近代史研究的主要对象，但是陶澍对近代历史的影响不容忽视。

1881年，已名震天下的左宗棠调任两江总督。此时，陶澍和林则徐早已过世。左宗棠重返江宁，物是人非，感慨万千。于是他邀请南京地方士绅集资，于1883年（光绪九年）建造了“陶林二公祠”，以示永久追慕之心，

陶林二公祠内的陶澍、林则徐坐像

并写下了对联："三吴颂遗爱，鲸浪初平，治水行盐，如公皆不朽；卌载接音尘，鸿泥偶踏，湘间邗上，今我复重来。"左宗棠表明要成为陶澍、林则徐事业的继承者。清王朝也许因为一些能臣干将而延缓衰落，但终究难挡大厦将倾的趋势。

近代的许多重大事件发生在两江地区。伊布里、牛鉴、耆英先后总督两江。1842 年 8 月，这三人与英国人签订了丧权辱国的《江宁条约》（《南京条约》）。李星沅奏筹外海水师，请添造战船。陆建瀛丢失江宁。

与英方签订《南京条约》的伊布里、牛鉴、耆英三人均先后出任过两江总督

近代两江名督（从左至右为张之洞、李鸿章、左宗棠、曾国藩、刘坤一）

怡良、何桂清及首督两江时的曾国藩都只能因战局而没能将督署设在江宁城内。马新贻命丧校场。

曾国藩重修督署后，何璟、张树声、李宗羲、刘坤一、沈葆桢、彭玉麟、左宗棠、裕禄、曾国荃、张之洞、魏光焘、李兴锐、周馥等人先后主政两江，其中不乏“洋务运动”骨干。清朝出现难得的“同光中兴”，后随甲午战争的失败而迅速衰落。

1905 年，署理两江总督的端方与载泽等五大臣出国考察，次年回国后不久任两江总督兼南洋通商大臣。开过“洋荤”的端方在经济、教育、交通等方面颇有政绩，还在总督署里新建西式风格的西花厅。1908 年升

端方建造的西花厅，后来成了孙中山临时大总统办公室

任直隶总督，后因在慈禧出殡时拍照而被罢官，最后任川汉粤汉铁路督办大臣而命丧“保路运动”。1909年，继任两江总督的张人骏将这座督署内最“时尚”的西花厅用以接待重要贵宾。

1911年10月10日，辛亥革命成功。12月2日，江浙联军占领南京，张人骏与江宁将军铁良乘日本兵舰逃往上海。南京以其独特的政治、地理优势成为当时沪汉双方选定的新政权首都。12月25日，孙中山从美国绕道欧洲抵达上海，于29日高票当选中华民国首任临时大总统。两江总督署将迎来重要历史时刻，西花厅成了孙中山的临时大总统办公室。

孙中山就任临时大总统

1912 年 1 月 1 日上午，孙中山从上海乘坐火车赶往南京的两江总督署旧址就职。光复不到 1 个月的南京社会治安并不十分稳定。孙中山抵达后，为确保安全，改乘南京城内的“小火车”在督署站下车，并没从正门，而是从东小门进入督署。当时已过傍晚，下着小雨，天色黝黑。孙中山用过简餐后，来到就职典礼现场，发现连横幅都没有，忙命人赶写。从当选到就职只有 3 天时间，准备仓促，有人提议就职改到次日，遭到孙中山坚决反对。

由于种种原因，孙中山的就职仪式没有留下任何影像资料，从一些参加者的表述中不难看出仪式的简单。据当时典礼参加者、革命党人戢翼翘回忆，孙中山当晚的就职仪式极其仓促简单：“中山先生和胡汉民走进来，

1912 年 1 月 1 日上午，孙中山从上海起程赴南京就职

《孙中山与南京临时政府》(陈坚创作)

孙中山就职场景模型

两人都穿着大礼服，戴大礼帽，胡汉民手拿文告，站在中山先生的身边。中山先生宣誓就职后用广东话演讲，我根本就听不懂。仪式很快结束后，灯很暗，也没照什么纪念的相片。我们很奇怪为什么这样草率，第二天才明白原来是赶在这天改元，用新历。”

在孙中山的就职宣言中就提到“至专制政府既倒，国内无变乱，民国卓立于世界，为列邦公认”的“解职”条件，这也是由特别的国内局势而决定的。当时身居北京、拥有重兵实权的袁世凯正在以“清室”为筹码与南方政权博弈着。民国开创的艰难可想而知。

南京临时政府下设秘书处，其职责是为大总统行驶权力提供各种服务，实为参谋助手、信息枢纽，下设7组，人员均由孙中山直接任命。胡汉民任秘书长，有“第二总统”之称。孙中山的临时政府困难重重。

1月3日，孙中山提交宋教仁任内务部总长、章太炎任教育部总长、王宠惠任外交部总长的人选遭到立宪派人士强烈反对，孙中山说服本党同志做出很大“让步”，但在外交部总长一职上却始终强烈坚持。

“资历尚浅，不如伍廷芳老练持重”的王宠惠出任外交部总长公布后，上海粤籍绅商带头反对，并以财政支持相胁，这给刚刚成立的南京临时政府造成了不小的压力。

孙中山为何坚定地任命王宠惠主掌外交，而不委以旧官僚出身的伍廷芳，这是出于当时外交的重要性。孙中山考虑到伍廷芳资格较老，有诸多不便，而用“新人”，可以随时指示。当王宠惠以资历不够请辞时，孙中山鼓励道：“要破除所谓官僚资格，外交问题我会亲自决定的，你不要害怕。”外交部是九部中唯一设在总统府内的部门，直到3月2日，才迁鼓楼前狮子桥新址，可见孙中山对王宠惠及其外交部的重视。

1月5日，临时政府举行了9部的委任礼，以“部长取名，次长取实”的办法，确定了9部总长、次长名

1912年2月15日，孙中山带领众官员在明孝陵举行“中华民国统一大典”

单。而后，孙中山又直接任命了法制局、印铸局、公报局、稽查局主官。但一些总长、次长迟迟不到南京就职，内阁首次会议拖到1月21日才召开。

军事、外交、财政等方面困难重重。2月12日，清帝宣布退位。孙中山按照就职宣言，于次日向临时参议院提出辞呈，推荐雄居北方的袁世凯为总统。2月15日，孙中山带领临时政府军政要员们举行了隆重的“中华民国统一大典”，并赴东郊明孝陵祭奠。临时参议院同日选举袁世凯为中华民国临时大总统。

为保住革命成果，最大限度地制约袁世凯，孙中山不断努力着，通过《临时约法》，坚持定都南京，派团迎袁南下就职等等。但后来，狡猾的袁世凯“运作”成功，还是于3月10日在北京就任中华民国第二任临时

1912年4月1日，孙中山亲自去参议院宣布正式解除临时大总统一职，并与议员合影

袁世凯在北京外交部迎宾馆就任中华民国第二任临时大总统

大总统。从这一天到 4 月 1 日的孙中山正式解职期间，中国出现两个临时政府、两位总统并存的罕见格局。

孙中山的总统生活十分简朴，由于公务繁忙，先是居住在办公室东头的不足十平方米的房间内。在原配夫人卢慕贞及子女孙科、孙娫、孙婉四人到南京后，才改到西花园东北角的清末二层小楼内与家人团圆。卢慕贞照顾孙中山生活，起早贪黑，洗衣做饭，十分辛苦。一家人饮食起居都很简单，粗茶淡饭。难怪子女们都说："这里的饭菜还不如家里的好吃！"

孙中山在南京的 94 天，虽然短暂，却在历史长河中留下了深刻印迹。孙中山对南京也留下了美好印象，他曾在紫金山上放目四望，发出"他日我辞世后，愿向国民在此乞一抔土，以安置躯壳"的感叹。

孙卧外景

1925年，孙中山在北京去世后，遗体暂厝西山碧云寺。1929年6月1日，国民政府举行隆重的“奉安大典”，孙中山如愿长眠在南京紫金山。

城头变幻大王旗

程德全

孙中山离任后，南京的临时大总统府改设为留守府。袁世凯任命段祺瑞为陆军总长，原陆军总长黄兴为南京留守府留守。黄兴表面上按袁世凯意图行事，暗中却在积蓄革命力量。

袁世凯对黄兴的“阳奉阴违”很是不满，于4月13日任命程德全为江苏都督(驻苏州)。6月14日，袁世凯以“有碍行政统一”为由撤销留守府，并命程德全将江苏都督府迁驻。此时的程德全已今非昔比，他剿灭了北伐先遣团，裁减了革命党武装，致使革命党人损失严重。

1913年7月12日，“二次革命”爆发。15日，黄

黄兴在西花园假山内与属下合影

兴占据江苏都督府，在孙中山临时大总统办公室宣布江苏独立，成立“讨袁军总司令部”，并亲任总司令。一时间革命势头再次崛起。狡猾的程德全潜逃后，苏军将领章梓代理江苏都督。

程德全的变卦，使讨袁形势突变。黄兴自杀被劝后，于28日离开南京，“二次革命”宣告失败。群龙无首，南京城内再次混乱。

8月8日，驻扎苏北的何海鸣赶回南京，拉起残军重举义旗，占领都督府，自称讨袁军临时总司令。几番

1912年6月，程德全与属下及家人在西花园石舫合影

起伏之后，讨袁残军内部又起纷争，终于抵挡不住袁世凯麾下大将冯国璋、张勋的攻击。何海鸣在出逃前，竟向江宁绅商强行索银7万元，可见其“革命境界”不是很高。

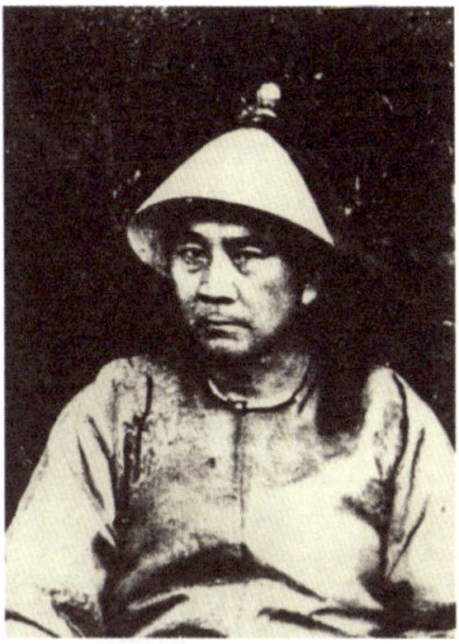
“辫帅”张勋

袁世凯深知南京战略地位的重要性，下令谁先攻入都督府，谁就任江苏都督。张勋立功心切，以“破城后，三日内任意行动”向部属许诺悬赏。9月1日，张勋率辫子军攻破南京城，抢占都督府，当仁不让地做上了江苏都督。“复辟狂”张勋在南京城好好过了一下“复辟瘾”：都督府前的大旗杆不挂民国国旗，挂的是一个斗大的“张”字红旗；督署按清制复原，吹鼓手、炮手、捕快、差役、师爷又被请了回来，重操旧业；官场一律禁用“前清”，清时官制一一恢复，厘捐总办、粮台总办、道台、知府、知县等名称又重新起用；辫子军换上清朝的蓝底制服，军令也改用清代的龙头令箭……张勋部下在烧杀中误伤了3个日本人，袁世凯迫于列强压力，不得已下令罢免张勋，由冯国璋接任。

1913年底，冯国璋出任江苏都督。已经当上大总

冯国璋

统的袁世凯开始做起了皇帝梦，冯国璋手握重兵坐镇南京，令袁世凯难以放心。当时冯妻病故，袁世凯为了笼络冯，特将自己的家庭教师周砥介绍给冯国璋为妻，想借此左右冯国璋。冯国璋知道袁世凯对他已抱有戒心，也想借这个机会再表忠心，赢得信任。当即复函示谢，并派人送来聘礼。

1914 年初，周砥众星捧月般地南下到南京。冯国璋用接待国家元首的礼仪迎接，鸣礼炮 21 响以示隆重。袁氏给周砥陪送的金银首饰、珠宝玉器达 120 余担，其他妆奁五光十色，数不胜数。袁世凯指挥部下要将这次婚礼办得格外隆重。

整个春节期间，江苏都督府里都沉浸在婚礼筹办中。3 月 19 日，冯国璋着上将戎装，胸佩勋章，乘坐彩车由马队前导，继以乐队，从碑亭巷绕道花牌楼进入督府。沿途军警密布，严禁行人来往。婚礼中，文官自巡按使以上，武官自师长以上均来道贺，各省军政首长皆派代表来贺。江苏省民政厅厅长韩国钧当证婚人。

周砥陪着冯国璋一连谢了3天客。一时间南京冠盖云集，赠礼品、赠礼金、赠诗、赠联者难以胜计。其中安徽都督倪嗣冲的对联是这样写的："将略褐轻裘，夺龙虎踞，好作洞房，从兹儿女莫愁，想顾曲英姿，当不愧小乔夫婿；家风起芜搂，喜裙布荆钗，迎来琼岛，为报湖山罨画，有执柯元首，始得归大树将军。"

婚礼热闹了3天，招待费就支出白银数万两，收受礼金则超过此数。贪财的冯国璋对此兴奋不已，加上又被授以"宣武上将军"，为表袁氏知遇之恩，多次通电支持解散国会，撕毁约法，并通电竭力叫嚣中国"应于世界上总统之外，别创一格，总统有权则取美国，解散国会则取法国，使大总统以无限权能展其抱负"。冯国璋深感袁世凯的用心，又明知复辟帝制必然失败，就加紧打起自己的小算盘。

1915年底，袁世凯正式称帝，全国哗然。海内外一致反对，蔡锷揭起护国运动的旗帜。袁世凯令冯国璋出兵湖南镇压护国运动，冯国璋拒不发兵，还通电反对袁世凯称帝。

1916年3月22日，袁世凯宣布取消帝制。袁氏先还自认为能保住大总统之位，没想到陆荣廷、唐继尧等人在4月中旬明确提出"袁退位后，免其一死，驱逐国外”。此时，北洋派诸将的态度至关重要，“江南柱石”冯国璋却通电要求袁世凯退位，并提出在南京开会讨论总统去留，借此树立威信。袁世凯大失所望。

1916 年 6 月 6 日，袁世凯在绝望中死去，黎元洪继任大总统，冯被任命为江苏督军，不久又当上副总统。11 月，冯国璋就任“副总统”，仍兼江苏督军一职，督军府又称为“副总统府”。黎元洪与段祺瑞在北京出现“府院之争”，冯国璋在南京府内大谈治国之道，一副元首派头。

1917 年 4 月 2 日，“副总统府”西部失火，烧毁了 60 多间房屋。5 月，冯国璋下令在该场地重建房屋 40 余间。现在总统府中轴线上的内、外宾会客室即为当年所建。

1917 年 7 月，张勋在北京上演复辟闹剧，冯国璋 7 月 7 日代理总统职权。8 月 1 日，冯国璋在段祺瑞“邀请”

李纯

齐燮元

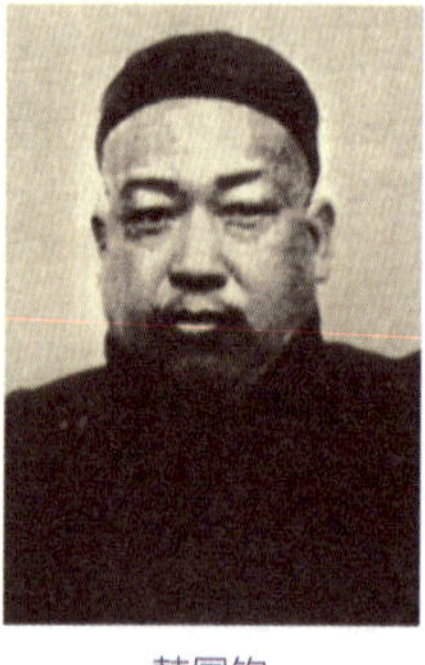

韩国钧

杨宇霆

孙传芳

张宗昌

下，北上就任大总统。已纳入自己势力范围的江苏岂容他人染指，冯国璋安排亲信李纯出任江苏督军。

1920 年 10 月 12 日凌晨，随着一声枪响，李纯死在督军署中。李纯死因有多种说法：一为“忧国自杀”，二为“桃色情杀”，三为“部下谋杀”。说法不一，难成定论，这也从另一侧面反映出当时政局混乱。

其后，齐燮元、韩国钧、卢永祥、郑谦、杨宇霆、孙传芳、张宗昌等军阀先后占据南京，有的只有短短几天，江苏督军署也因局势变化而改名为江苏督办公署、江苏宣抚使署、五省联军总司令部、直鲁联军联合办事处。

南京在战火中成为军阀们争夺的筹码。1912 年 4 月至 1927 年 4 月的 15 年间，伴随着国内政局的动荡，也是大院主官更迭最为频繁的时间。

宁汉双方从对峙到合流

时任国民革命军兼北伐军总司令的蒋介石，其身后的白衣者为苏联顾问鲍罗廷

北方军阀混战期间，广州国民政府完成两广统一后组织军队北伐。北伐军势如破竹，很快占领了长沙、南昌、武汉等大城市。1926 年 11 月 8 日，为了适应形势发展的要求，设在广州的国民党中央政治会议认为，中央党部和国民政府决定北迁武汉。

国民革命军、北伐军总司令蒋介石最先是赞成迁都武汉的，但后来感到在唐生智控制的武汉地区不利于自己掌控局面，加上两湖地区工农运动高涨，国民党左派和共产党人是武汉主流，便转变了立场，唱起了反调。

1927年1月3日，蒋介石截留赴武汉的国民党中央执行委员和国民政府委员，又把张静江、谭延闿接到南昌，召开国民党中央政治会议临时会议，决定将中央党部和国民政府“暂移南昌”，并以国民党中央执行委

1927年3月，国民党二届三中全会在武汉召开（前排右起为吴玉章、经亨颐、陈友仁、宋子文、宋庆龄、孙科、谭延闿、徐谦、顾孟余、丁惟汾）

员会的名义发表通电，与武汉中央相对抗。蒋介石后迫于压力，于3月6日放行了被阻留在南昌的国民党要员。

“迁都之争”实为权利之争。武汉国民政府设委员28人，初期继续执行孙中山的三大革命政策。3月10日，国民党二届三中全会在武汉召开，会议以提高党权、防止个人独裁和军事专制为中心，批评了蒋介石的错误，缩小了蒋的军权。武汉国民政府经过改组，国共合作新形式形成，虚位以待汪精卫回国到武汉就任主席。

蒋介石拒绝出席在武汉的全会，加紧推行其反共独裁政策，在南昌形成右派核心，制定了“离俄清党”纲领。蒋介石同时加紧对华东地区上海、南京等大城市的进攻，并很快占领。在帝国主义和资产阶级的支持下，蒋介石在上海发动了四一二政变。与此同时，粤、闽、苏、浙、川等省也先后发生了一系列针对共产党人和革命群众的屠杀行动。

4月18日，蒋介石张罗了蔡元培、吴稚晖、张静江、李石曾、胡汉民等人在南京成立国民政府。由于成立仓促，当时还没有来得及刻制国玺，只镌刻了一方“中华民国国民政府”印，由监察委员蔡元培代表国民党授印，胡汉民代表国民政府受印。

蒋介石将自己的司令部设到了孙中山临时大总统办公室，而此时的南京国民政府办公地点设在湖南路的

1927 年 4 月 18 日，南京国民政府成立时的合影

原江苏省咨议局。“资历尚浅”的蒋介石为与武汉抗衡，将胡汉民推到了党政军前台。胡汉民“帽子”一大堆，落实惠的却是蒋介石。

此时宁汉形成对峙，相互指责对方非法。其实，当时除宁汉以外，在上海还有西山会议派成立的一个国民党中央党部。此外，以北京为中心的军阀政权尚未灭亡，中国当时实际上出现了少有的多个政治中心并存的局面。

蒋介石联合各路军阀将武汉包围并实施经济封锁，使“九省通衢”变成了孤岛，阎锡山、冯玉祥相继亲蒋。

蒋介石的专车和卫兵

汪精卫开始仍以“左派领袖”的身份与蒋分庭抗礼，也渐渐暴露出反共面目，并命令张发奎率部东征，进取南京，想与蒋争夺国民党第一把交椅。

蒋介石处在内外交夹之中。一方面是职务乃至党籍都被武汉党中央免去，还要应付汪精卫的东征问罪；另一方面是李宗仁、白崇禧拥兵桂系，实力大增，却与蒋介石貌合神离，何应钦也不像以前一样言听计从，反而站到桂系一边。军事上的胶着失利，使一些高级将领开始怒怨蒋的无能。

在四面楚歌之中，蒋介石于 8 月 13 日宣布辞职。

江浙财团和上海买办势力立刻停止军饷供应，切断南京政府经济命脉。蒋介石在上海、溪口各住了一段时间，仍然继续与黄埔军官们保持密切联系，通过陈果夫、陈立夫兄弟二人控制着各地党政干部，还试图借助日本帮助。他等待并寻找着复出时机。

蒋介石、汪精卫难得的合影

8月22日，汪精卫召集庐山会议会谈宁汉合作，决定将武汉政府迁往南京，与南京政府合并。23日，李宗仁和汉方代表谭延恺、孙科前往南京。8月25日，武汉政府宣布迁都南京，宁汉两方合流。

9月15日，改组后的“国民政府”从湖南路正式迁址到长江路现址。9月16日，由李宗仁、白崇禧牵头，联合与桂系勾结较深的西山会议派和在上海、南京、武汉三地代表组成的第二届中央特别委员会，组成了当时执掌国民党的最高政治领导机关。国民政府由46人组

蒋介石与桂系白崇禧合影

成，谭延闿、胡汉民、蔡元培、李烈钧、汪精卫、于右任为常委，轮流担任主席；军事委员会由66人组成，程潜、何应钦、白崇禧为常委。以李宗仁为首的桂系此时在政府中占据支配地位。

汪精卫抱着做正统领袖的想法回国，却没有自己独到的主张和坚强的实力，步西山会议派、蒋介石的后尘反共后，那些反共先锋们更加猖狂起来，不承认汪精卫是他们的领袖。汪精卫很快被孤立，从武汉逃到广州，打出南京特委会违反法统的旗号，造成宁粤对峙的局面。

蒋、汪这两位宁汉对峙时的核心人物，最后都被排斥在合流后的南京政府之外。而由桂系掌控的新组建的南京国民政府也是困难重重。蒋、汪两人刚开始准备联手对抗桂系，广州起义突发，桂系及胡汉民等人借此反汪。汪精卫只好灰溜溜地又出国考察去了。蒋介石已为“复出”做好了充分准备。

蒋介石两次下野与复出

蒋介石在政坛争斗的同时，还兼顾着情场逐鹿。在占领南京之后，就加紧了对宋美龄的感情攻势，下野后东渡日本，请求宋母倪桂珍允许婚事。12月1日，蒋介石与宋美龄举行了隆重的婚礼。此时的蒋介石得到了江浙财阀及西方列强的支持。

1928年初，蒋介石重返南京表示“以全力完成北伐，肃清共逆，以安后方，巩固中央”。2月2日至7日，国民党二届四中全会召开，国民党中央委员会、国民政府、军事委员会改组，蒋介石重新当上了革命军总司令，并兼任国民党中央政治会议主席和军事委员会主席。蒋介石还因与宋美龄的结婚，而成为“国民党先圣孙中山和孔子后裔孔祥熙的连襟，大银行家宋子文的妹夫”。蒋介石获得权场和情场的“双丰收”。

1927 年 12 月 1 日，蒋介石与宋美龄在上海举行了隆重婚礼

1928 年 2 月 4 日，国民党二届四中全会召开

蒋介石复出后，虽重掌大权，但为少遭闲话，并没有出任国府主席，他要找一个合适的人，既能服众，又能为己所用。谭延闿成了蒋介石的首选。谭延闿处世老到，落有“药中甘草”雅号，成为各方认可的人物。1928 年 2 月，谭延闿正式出任国民政府主席，恪守“不负责、不建言、不得罪人”的“三不主义”，当个无权的空头主席。

蒋介石复出上台后，组织第二次北伐，与冯玉祥、阎锡山、李宗仁带领的四个集团军向北洋军阀的七个方

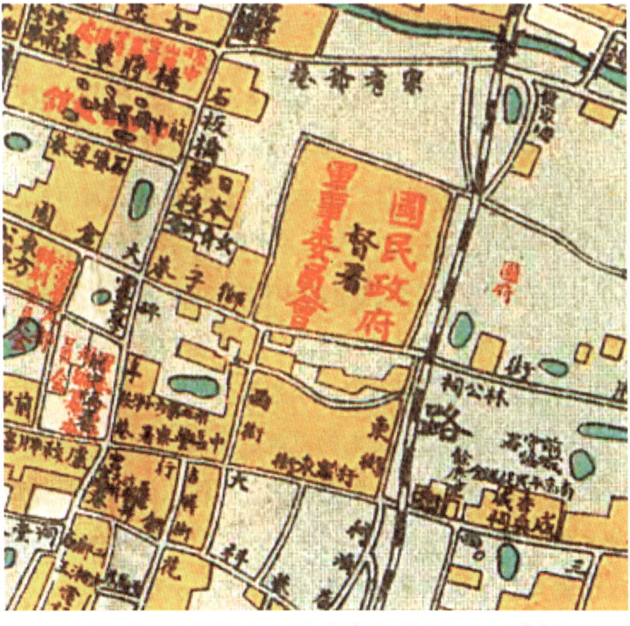

1928 年 8 月，南京共和书局出版的《最新首都城市全图》(局部)

新建成的国民政府门楼

面军发起进攻，齐头并进。6 月 8 日，国民革命军进占北京。10 月，蒋介石任国府主席，谭延闿退任行政院首任院长。12 月 29 日，张学良在东北宣布归属南京国民政府。

蒋介石完成了形式上的中国统一后，通过军事编遣会议“削藩”，经过蒋桂战争、中原大战，权力欲日益膨胀，想召开国民会议，增强统治地位。胡汉民看出蒋介石想当“五院”之上的总统，见人就大发牢骚表示不满。胡汉民想用立法院院长之职行使法律权力限制独裁。蒋介石不吃文人这一套，1931 年 2 月 28 日，将胡汉民骗至南京汤山软禁起来。

1928 年 10 月，蒋介石就任国民政府主席，谭延闿退任行政院院长

桂系、粤系反蒋势力暗流涌动。汪精卫回国与胡汉民联合对蒋，对于蒋介石的利诱拉拢，没有吸取以前教训，胡汪联盟出现裂痕。1931 年 11 月至 12 月初，国民党全国第四次代表大会分头在南京、广州、上海开场。蒋介石在南京提出“团结内部、抵御外侮”。胡汉民、孙科在广州强烈要求蒋介石下野。汪精卫在上海选出十个“大世界中委”，指责广州“四大”。

面对困局，蒋介石以退为守，于 12 月 15 日请辞国府主席和行政院院长之职，“推林森同志代理国民政府主席，陈铭枢同志代理行政院院长”。12 月 22 日至 29 日，国民党四届一中全会在南京召开，规定国民政府主席为国家元首，但不负实际责任，行政院院长负实责。林森当选国民政府主席，孙科当选行政院院长。蒋介石、胡汉民、汪精卫均当选中政会常委。蒋介石出席开幕式后，就带着宋美龄到溪口老家“还乡归田”去了。蒋介石对这次早有准备的下野，心里面还是有底的：南京政府仍在掌控之中，不久就要请我回来的！

蒋在溪口酝酿复出，汪在上海准备投蒋，胡在香港策动西南反蒋。孙科还没有走出“公子哥”状态，面临财政、外交两大难题，很快就感到支撑不下去了。这也是蒋介石早就预料到的。

1932 年初，蒋、汪密谋合作后抵京，蒋介石主持中政会议，汪精卫出任行政院院长。3 月 1 日至 6 日，国民党在洛阳召开四届二中全会,决议成立军事委员会,以代替原先负责军事的国民革命军总司令部。蒋介石的总司令一职改为军事委员会委员长。从那时起，“蒋总司令”“总座”改称为“蒋委员长”“委座”。后来国民政府为了统筹军令、军政，恢复早在广州时期的军事委员会，直隶于国民政府，设委员长一人，由蒋介石担任。抗战爆发后，国民党中常会议决定，由军事委员会委员长行使陆海军最高统帅权，并授权统一指挥党政机关，直到抗战胜利后。

蒋介石在第二次下野几十天后又重新上台，不仅收服了汪精卫，逼走了胡汉民，玩弄了孙科，而且由“蒋主席”变成了权势更大的“蒋委员长”。担任中央政治会议主席和行政院院长的汪精卫很快就发现不但军事、财政无从过问，还替蒋挨了枪。汪精卫任行政院院长三年，得不偿失，过得真累！

正门朝北的行政院

行政院成立于1928年10月，位于国民政府东北。俗话说“衙门八字朝南开”，而行政院正门朝北，这在我国重要政府机关中不多见，这是由当时行政院的地理位置局限所致。尊为五院之首的行政院，为了毗近国民政府办公，也只好被安置于东北一隅。

行政院原来只有北楼一座、礼堂一所及职役宿舍各数十间，因事务不断增加，办公场所显得不足。汪精卫上任后踌躇满志，其中重要的一件事就是扩建新楼，将参军处与行政院毗连的一块地面（参军处清洁队、国府音乐队等房屋用地）划归行政院新建办公楼。

新办公楼于1933年9月动工，由建外交部大楼的建筑师赵深设计，为西式两层楼房，二楼东有狭窄楼梯可上屋顶，一楼东部还有地下防空洞。1934年6月，

行政院

行政院北门

行政院南楼院长办公室内复制的汪精卫办公桌

行政院南楼建成。重要办公机构也从北楼迁到了南楼。当时建楼连同水、电、暖气、家具等均系投标决定，同期还在大门正对面修建了照壁，照壁于新中国成立后被拆除，其他的房屋建筑现在大多数尚存。

汪精卫不像蒋介石有那么多把兄弟和亲信，用起人来经常捉襟见肘，只好任命“连襟”褚民谊为行政院秘书长。褚民谊学历虽然高，但对于处理公务却是个十足的外行，连公文的呈式都分不清，“公文”与“公函”混用，闹了不少笑话。汪精卫既讨厌褚的无能，又欣赏褚的“忠心”，舍不得弃用。褚民谊因此不在乎汪的痛骂，全心尽力为汪做事。褚民谊负责基建时没忘记捞好处，以致有一件事搞得汪精卫出了个大洋相。

汪精卫有一次在新楼开会，突然内急，进了厕所，因为门锁失灵出不来，气得大骂。搞得大家不知道院长去哪儿了，找了半天。褚民谊本想深究工程责任，但想到拿到手的好处，也就不了了之了。汪精卫也不深究了。

褚民谊头脑确实有点糊涂，别人拿了回扣，一般都先隐蔽着，生怕别人知道。他却不怕“露富”，将自己的公馆修得富丽堂皇，窗帘等物品都是从国外进口的，搞得许多人在感叹之后，猜疑起褚的经济问题。好在有汪精卫“罩着”，褚民谊在新公馆里“安居乐业”。

汪精卫虽然组阁，但政治人格、威信却在下降。汪精卫缺乏军事实力，虽主持中央党部工作，却常常令难执行。特别是陈果夫、陈立夫把持组织部，不但管组织，还指挥“中统”特务，插手民众运动，加上有蒋撑腰，在中央党部飞扬跋扈，渐渐地有了“蒋有天下陈家党”的说法。

褚民谊为“美人鱼”杨秀琼及她弟弟坐的马车执鞭，游览南京中山陵

汪精卫好事摊不上，麻烦事一大堆！九一八事变后，蒋介石“攘外必先安内”的不抵抗政策遭到全国人民反对，学生游行

请愿运动此起彼伏。《淞沪停战协定》《塘沽协定》的签订，更是引起全国人民愤慨。

汪精卫任行政院院长后还兼任外交部部长，与日本人签订了一系列丧权辱国的协定，受到国人唾骂。子女都反对汪兼任外长，以免“独负卖国责任”。有人劝汪不要替蒋介石“背黑锅”，汪精卫倒不后悔，认为“我既已跳下茅坑，就臭到底吧”。汪精卫不仅“背黑锅”、做替罪羊，还替蒋介石挨了三枪。

1935 年 11 月 1 日，国民党四届六中全会在南京召开。拜谒中山陵后，全体委员集中到湖南路“中央党部”政治会议厅门前合影，蒋介石却迟迟未到。汪精卫作为“最高领导”居中而立，没想到遇到爱国青年行刺而身中三枪。虽未当场毙命，但在 9 年后，还是因为这次被射中深陷在胸脊柱骨的子弹而身亡。

在此之前，蒋汪合作已经出现了裂痕，汪妻陈璧君甚至认为蒋是刺杀主谋。蒋介石可没有领汪精卫为自己挨枪的情，而是抓住机会，落井下石，

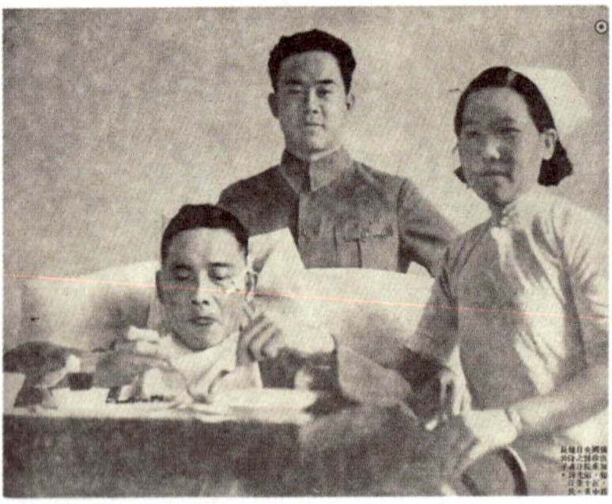

受枪伤后在医院治疗的汪精卫

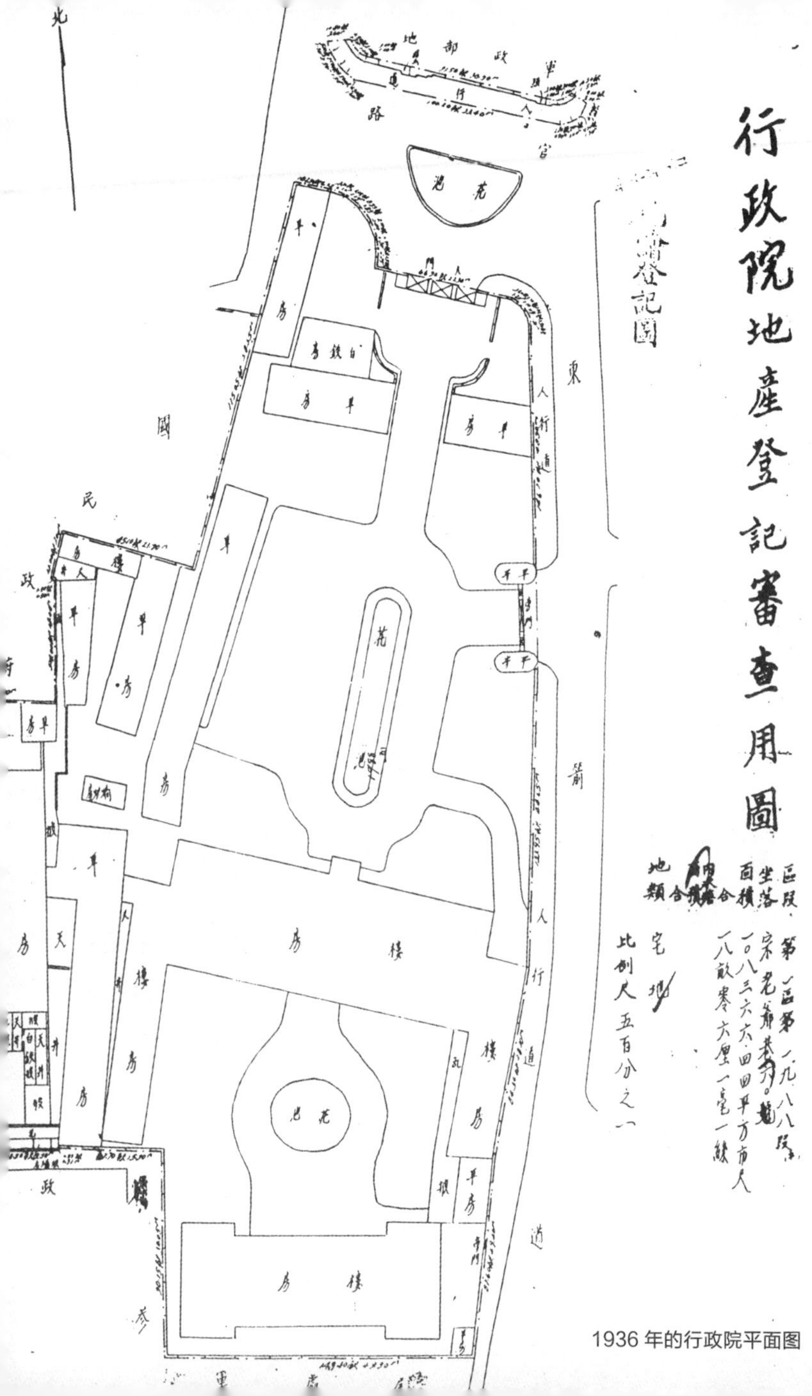

1936 年的行政院平面图

在年底召开的“五全大会”上，批准汪的辞职，由亲信张群接任外交部部长，自己兼任行政院院长，并以副主席身份代理中央政治会议主席之职，好让汪精卫“安心”地再次赴欧疗养。褚民谊等“汪系”也跟着辞职下台。

蒋介石自己再度兼任行院院长，并以副主席身份代理中央政治会议主席之职。西安事变后，汪精卫兴冲冲地从国外往国内赶。在西安事变和平解决后，只好失落地再次与蒋合作。

全面抗战后，行政院随国府西迁，由汪精卫任主席的中央政治会议不再是国民党中央和国民政府的最高决策机构。1938 年 1 月国民政府改组后，国民党召开临时全国大会，确定实行总裁制，蒋介石任总裁，汪精卫任副总裁。蒋介石将行政院院长一职交给了连襟孔祥熙。汪精卫从与蒋并驾齐驱明确变为有职无权的副手仆从地位，失落感可想而知。

沦陷期间，行政院旧址成为汪伪政权交通部、铁道部办公地点。抗战胜利后国府还都，行政院迁至萨家湾，这里改为行政院社会部、地政部、水利部、侨务委员会等下属部、委的办公地，仍与国民政府一墙之隔，且有小门相通。

超然的国府主席

国民党内派系林立，蒋介石、汪精卫、胡汉民及西山会议派、桂系、晋系等各自立山头，时而联合，时而对立，能得到各派系一致认可的人物屈指可数，林森就是其一。

林森生于 1868 年，1905 年加入同盟会，1912 年任南京临时政府参院议长。国民政府定都南京后，林森的元老地位渐渐凸显。任国民政府主席后，因没有什么实权，故而常笑侃道："我的地位相当于神龛中的神位，受人景仰而不失其威仪，自然能保持庙堂之肃穆，家宅之安康。若神主显灵，则反倒一室彷徨，怪异百出。国家主席是虚君地位，其意义在于垂拱而治，不该管的就不要去管，让有办法的人放手去做嘛！"

林森生性淡泊俭朴，正直宽容，温和沉稳，不徇私

1932 年元旦，林森正式就任国民政府主席，在大堂与五院院长等官员合影

情，被称为“超然派”。林森官邸十分简陋，如同普通民居，警卫班也只能借住在邻居的空屋里。林森对自己和手下十分严格，素以“不发表意见，不参加宴会，不写条子”为原则。有一次，一个熟人找林森想要个职务，林森说：“用人要经过人事部门，不要找我。”林森还对来访者说：“以后武官直接去见蒋介石，文官去见汪精卫，不必到我这里来啦。”林森如此超然，使喜欢独权的蒋介石宽慰了许多。

其实，林森也曾经弹劾过蒋介石，对蒋是配合而不迎合，礼貌而不恭敬。有一次，林森散步遇到簇拥而来、实权在握的蒋介石，林森既不迎接，也不避让，就在道旁的小庙赏玩古董，直到蒋介石亲自走来致意“主席好”。林森恰到好处地处理与蒋介石的关系，也是能

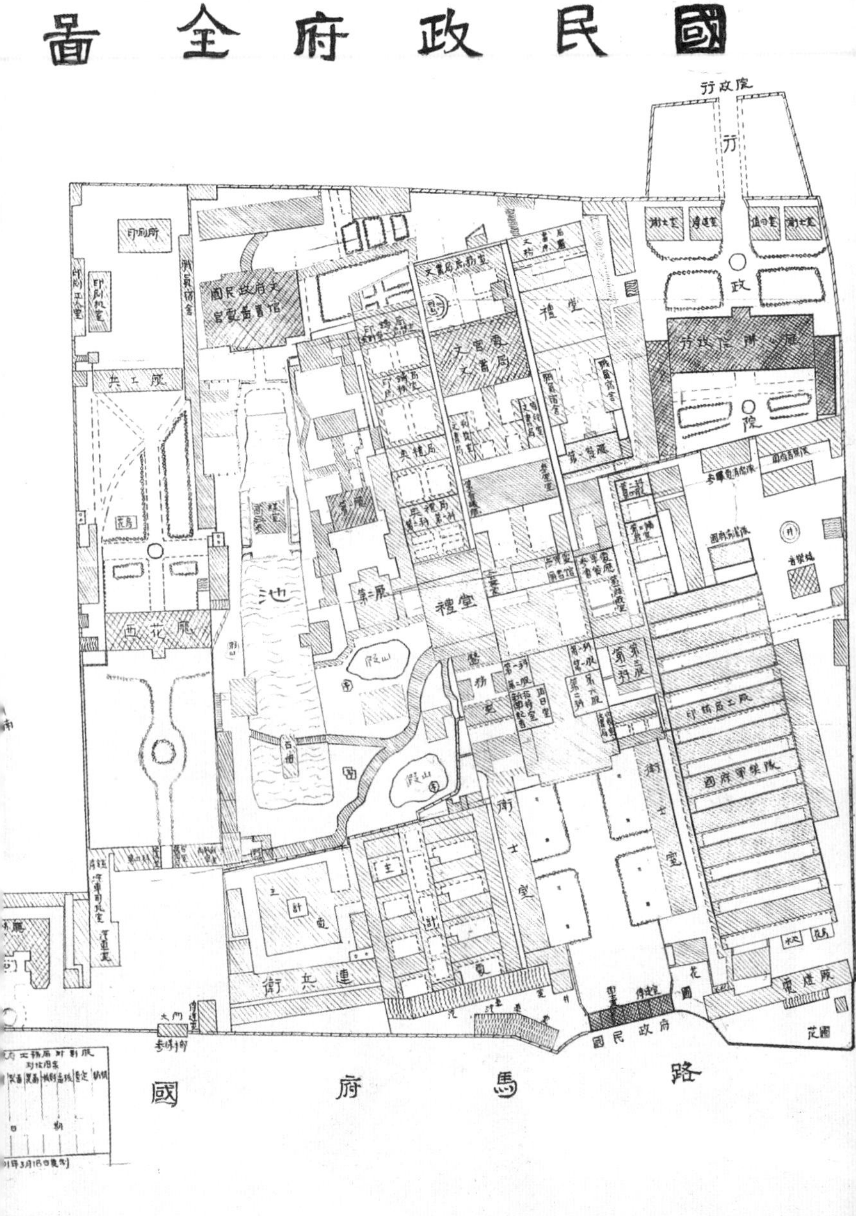

1930 年代初期的《国民政府全图》（复制）

够连任国府主席多年的重要原因。

出任行政院院长的汪精卫，也许只看到大权在握的蒋介石，而忽视国民政府主席林森。经幕僚提醒后，汪精卫才想到自己作为政府首脑，按程序是要去参见国民政府主席的。于是，汪精卫便派人通知林森，说明天上午要率领全体部长前来参见。

第二天上午，当全体部长到达林公馆时，林森却突然“失踪”了。无奈之下，部长们只好留下名片，打道回府。没想到就在那天下午，林森来到行政院一个一个地回拜部长。这时人们才知道，他是因为“不敢接受参拜大礼”，才有意出门回避。林森见到了汪精卫，谦谦

子超楼三楼会议室

林森、汪精卫在国民政府接见意大利驻华大使

地说："上午，汪院长大驾光临，不敢参见大礼，所以回避了，请见谅。"一席话，令一向能言善辩的汪精卫很是尴尬，脸上青一阵红一阵，不知说什么好。

这件事在国民政府上层曾被传为笑谈。林森是一个识大体的人，他之所以这样做，也是为了抬高行政院院长的地位。因为当时中国刚刚实行行政院院长负责制。如果他这个政府主席不识大体，不甘寂寞，不把"政府主席"当作一个虚设的职务，那就很可能出现民国初年的"府院之争"，从而引起历史的倒退。但是也要借此机会给汪精卫这般不知礼、不识大体的行政院院长一种教训，要让这班人感觉到失礼和惭愧。

林森虽然是不负责任的"虚位"主席，虽不参与决策，但对于一些例行的公文、党国大事，一般还是要过目一下的。而行政院院长汪精卫则经常在这方面“忘记”或“疏漏”。更有甚者，行政院呈送国民政府的文件，其副本已通过其他部门转到国府文官处，而行政院的文件正本却还没有送到近在咫尺的国民政府。对此，林森心中有数，就常派人去行政院“移樽就教”。只要国府文官处的人一上门，汪精卫就会闹个大红脸，往往无地自容。几次一下来，汪精卫及行政院的属下再也不敢“目中无主席”了。

当年有人在小报上，以“林子超，国府主席，连任国府主席，林子超然”为下联，应对民间“易君左，闲

1936 年元旦，中华民国国民政府主席林森于中午在中央广播电台演讲《民国廿五年政府与人民应尽之责任》

林森去世后，蒋介石祭林森墓

话扬州，引起扬州闲话，易君左矣”上联。拿国家元首作茶余饭后的笑料，明显有讽刺之嫌，有些人认为大逆不道。而林森知道后只是淡淡拂须一笑。其实这下联正应验了林森“超然处世”的态度。

汪精卫投敌叛国后，林森发表1939年元旦讲话指出：“偷生怕死，卖国求荣就是汉奸。这种人虽然暂时保了性命，得了小小利益，但是遗臭万年，上辱没了祖先，下贻害到子孙。一到敌人用不着汉奸的时候，仍旧免不了送命，或者精神受到了惩罚，天天在苦痛之中，永远做不得人。明末的吴三桂，就是一个例子。”

汪伪政权建立时，汪精卫别出心裁地电请林森到南京就任所谓的“国民政府主席”，遭到严词拒绝后，又“谦逊”地宣布就任“代理主席”，“虚位以待”林主席。林森则发表广播讲话《痛斥汪逆伪组织》：“希望全国军队和人民，无论南北东西，都要各尽各的本能，各守各的岗位，齐心协力，团结精神，坚持抗战立场，肃清汉奸。”

抗战胜利后，国民政府由重庆还都南京，为纪念1943年死于陪都重庆的林森，将这幢国民政府办公主楼冠名为“子超楼”，并在林森手植雪松旁，立“林森手植”石碑。

林森能够任国府主席长达12年，与其识大体的超然性格密切相关。

保存完好的子超楼

掌控实权的主计处

国民政府下设文官、参军、主计三处。文官处主要负责国民政府文字拟撰等秘书文字工作；参军处名为参与军事，却无军权，这两个处都是有名无实的机构；而主计处主管财政机构，执掌国民政府及下属部院的财务预算、统计、审计事项，是个实权部门。

1930 年 12 月，主计处筹设之初，就成为国民党内部各派系争权的对象。宋子文的财政部、胡汉民的立法院都想管辖。财政部认为，主管财会的机构，理应由财政部门管理。而立法院的财政委员会也想控制这一机构。双方争执不下，最后由蒋介石出面，决定主计处由国民政府直接管辖。

主计处下设统计、会计、岁计三局，以统计资料作为编制施政计划与预算的依据并为事后的考核，使设计、执行、考核三者相互结合，称为主计体系，并以主计总处为中心，在各级政府机关设立主计室或主计处。主计处主计长及下属三个局的局长的任命，也成为当时热议的焦点。

立法院长胡汉民为了遏制财政部部长宋子文的权力，提议陈其采出任主计长，并准备把主计处所属各局

1930 年代初期的国民政府鸟瞰图

的局长、副局长让由CC系，这正合了蒋介石的意。陈其采还自兼岁计局局长。

林森就任国民政府主席后，主计处人事任免权仍被蒋介石牢牢掌控。陈其采继续出任主计长。陈其采将各局长、副局长人选报蒋介石批准。蒋介石特令宋子文的财政部会计司司长秦汾担任会计局局长，宋子文的好友潘序伦也想当会计局局长，后被任命为副局长。主计处作为实权部门，虽有其他派系掺杂，但实际主要由CC系掌控。

陈其采早年赴日本士官学校留学，作为第一批学成回国的军事留学生受到清廷重视，被任命为驻沪新军统

1931年，陈其采就任主计长

带，职司上海治安。陈其采在上海建立了广泛的社会关系，尤与洪帮交好。后来，陈其采的二哥陈其美在上海从事革命活动，得到了洪帮范高头的大力支持，成了洪帮的“小老大”，其辈分比黄金荣还高一辈，这都得益于陈其采与上海帮会势力关系密切。

陈其采曾任南京临时政府参谋本部次长，协助参谋总长黄兴策划军事，因受袁世凯排斥被迫离开军界，后步入金融界，历任南通张謇创办的大丰公司总经理、中国银行杭州分行副行长等职。他在 1920 年代初就已经成为江浙财团中与虞洽卿、张静江等人地位相当的头面人物，有力支持了革命军北伐，先后担任浙江省财政厅厅长、江苏海关监督、江苏省财政厅厅长、导淮委员会副委员长等要职。

陈其采是蒋介石结拜义兄陈其美的三弟，得力助手、CC 系头目陈果夫和陈立夫的叔叔，加上丰富的经验、资历深，出任炙手可热的主计处处长，由此看来顺理成章。其后，陈其采还兼任中央银行常务理事、中国银行董事、交通银行代理董事长等职。陈其采主政主计处 15 年，直到 1946 年 10 月，才由财政部次长徐堪接任。

主计处办公地址位于国民政府西南部，先期办公场所十分简陋，主要是东部的四排平房及西部一组“回”形平房。1935 年，东部四排平房拆除后，新建有两层

“回”字形楼房，办公条件大为改善。新办公楼建筑面积 2473 平方米，系典型的民国建筑，上下两层的回字形楼堂馆所环绕成一方院落，颇具艺术审美及文物研究价值。

主计处办公楼后作为军令部、参谋本部、首都卫戍司令部办公用房。新中国成立后，主计处办公楼及其西部建筑均属军事管理区，至今保存完好。总统府景区扩建后，主计处办公楼于 2009 年被辟为江苏禁毒展览馆展厅，对外开放。

主计处办公楼中的建筑细节，引起人们的关注。在

主计处办公楼现已辟为“江苏禁毒展览馆”

在主计处办公楼里发现的“五色井”

主计处办公楼外墙上的这块汉白玉碑上的文字已经模糊

北楼一楼，有一口古井，井栏为五色石，这很有可能就是《四梦汇谈》中所书天朝宫殿西朝房的“西有一井”。据载，天王府西朝房后有一古井，栏杆以五色石砌成。栏上雕双龙，称五色石井。此井现原址展出。

国民政府西朝房中部辟有通道，与主计处相连，在通道口建有一个照壁，青砖砌成，长 5.6 米、宽 3.8 米、厚 0.5 米，向东略呈“凹”字形，上部饰有“回”纹，下部建有墙基。主计处办公楼及照壁至今保存完好。通道口的北边，主计处办公楼墙上有一块汉白玉石碑，长 75 厘米，宽 43 厘米，字迹已模糊不清，凿痕明显，

主计处内的照壁

主计处内的楼梯

碑上文字应与建筑有关。可惜，至今没人考证出来，看来是一个遗憾了。

1937 年 11 月，主计处随国民政府西迁重庆。国民政府大院在抗战期间受到了日本侵略者的蹂躏。

群丑登场献媚日寇

1937年7月7日，日本侵略军制造卢沟桥事变，抗日战争全面爆发。11月20日，国民党政府所属机构分别迁往武汉和重庆。12月8日，日军占领了南京的所有外围阵地，形成了对南京的三面包围。12月13日，日军占领了整个南京城，开始了灭绝人性的大屠杀。国府大院成为日军第十六师团司令部。

日本侵略军一方面扩大战争，占领我国领土，一方面在内蒙古、华北、华中地区扶植傀儡，“分而治之”“以华制华”地建立伪政权。1938年3月28日，日寇在南京也扶植了傀儡“中华民国维新政府”，由梁鸿志、温宗尧、陈群三人组成议政委员会，办公地点就设在国民政府旧址。

维新政府管辖苏、浙、皖三省的日占区和宁、沪两

日本侵略军在国民政府门楼前通过

1938年3月28日维新政府成立后，梁鸿志、温宗尧、陈群等头目在国民政府办公楼前合影

个特别市，维新政府行政院下设交通、外交、绥靖、教育、内政、财政、实业及司法行政各部。所有政务由特别设立的日本顾问部控制，未经与顾问协议，维新政府不得施行其政务。

这些傀儡政权主要由北京政府的失意政客官僚、地方官僚及国民党方面投降军人组成，号召力不强。日寇还在寻找着更合适的目标，看上了主张屈膝求和并且主动“投怀送抱”的国民党副总裁汪精卫，支持他组织与重庆唱对台戏的“国民政府”。

中华民国维新政府成立，“国民政府”四个字被植物盖住

汪精卫等人是急于早日成立伪政府的，先后提出拟以 1939 年 10 月 10 日、11 月 12 日和 1940 年 1 月 1 日为成立日期，但因为日方还有多种要求、条约未能与汪签订，而都被日方拒绝。

1940 年初，汪精卫打着反对蒋介石独裁、实施民主政治、联合各党各派及社会名流共同组织政府的旗号，筹建“政府”，并在日本主子的安排下，与“蒙疆联合自治政府”“北平临时政府”“南京维新政府”等多次会谈，讨价还价，为“中央政府”的成立做准备。

汪精卫终于得到日本人通知 4 月 1 日为成立日期，但细一想是“愚人节”不吉利，通过日本派遣军司令西尾寿造一再交涉，才把组府的日期提前到 3 月 30 日。汪精卫的国民政府在鸡鸣寺的考试院原址成立，没能如愿设在国府原址。

汉奸傀儡之间还在攀比资历，争权夺利。维新政府的行政院院长梁鸿志，虽已并入汪伪国民政府，却大发牢骚：“你汪精卫算老几，我投身‘和运’时，你汪某还在重庆唱抗日高调呢！凭什么要我把国府让给你！”加上日本人对汪精卫并非很满意，汪精卫的“还都政府”屈居考试院原址，只能将监察院、立法院、考试院设在国府原址。

汪精卫还别出心裁地宣布国民政府主席仍是身在

维新政府警卫大队在大堂前广场举行列队仪式

汪伪政府成立时汪精卫与陆海军高级将领合影

重庆的林森，自己只是代理主席。而林森是拒绝日本诱降的，断然表示不会做汉奸。日本人知道，重庆的国民政府才是“正宗”，南京汪精卫国民政府只是权宜。日本人不甘心诱降拉拢蒋介石、林森的失败，当然更加不会轻易让汪精卫进驻原国府大院。

汪精卫不顺心的事还有许多。伪政府使用的青天白日旗上，硬是被日本人加上了“和平反共建国”的三角形黄飘带，被戏称为多了块“黄尿布”。有人不按规定挂猪尾巴似的黄色飘带“国旗”，还激怒了日寇。这块“黄尿布”直到1943年2月才被日本人同意摘掉。

汪精卫的“中央政府”准备多时，但在宣布正式成立后，却迟迟得不到其主子日本政府的承认。汪精卫、陈公博、周佛海等人通过各种渠道向日方要求派出常驻大使，日仍未理睬。

日本不但没有正式承认汪伪政府，给汪精卫脖子上套的绳索还越勒越紧。根据日汪密约，在汪伪国民政府内设有“最高军事顾问部”和“最高经济顾问部”，具有至高无上的权力，是汪伪政府的“太上皇”。而伪政府各部也都分别由专门负责的顾问对口控制，他们的权力都比同级官吏大得多。汪伪政府中大小官员都唯日本顾问马首是瞻，一举一动都得看他们的眼色行事，汪精卫一伙成了任人摆布的傀儡。

傀儡政府里面的汉奸们度日如年。汪精卫为显示其“中央”权威，“还都”后不久即开始了“视察”。不料所到之地（如北京、张家口、武汉等）均受到冷遇。当时有一对联“国祚不长，八十多天袁皇帝；封疆何窄，两三条巷伪政权”，分别形容袁世凯的短命称帝和汪伪政权的“辖地”有限。

重庆国民政府重申了对汪精卫等人的通缉令，美、英等国亦否认汪伪组织。因此，汪伪“中央政府”无论在国内还是国际上都处于孤立地位。汪伪国民政府是在日本帝国主义的刺刀下建立起来的，成立时“名不正、言不顺”，成立后奴颜媚骨、多灾多难。汪伪政权在中华民族抗击外来侵略的历史上存在了五年四个半月，留下了可耻的一页。

还都前的国府维修

1945 年 8 月 15 日，日本宣布无条件投降，国民政府主席蒋介石同日在重庆对全国发表广播讲话，庆祝抗战胜利。9 月 3 日，国民政府在重庆举行了隆重的庆祝活动。9 月 5 日，蒋介石所派的新六军才全部空运完毕，进驻南京，成立南京警备司令部。

此时的南京满目疮痍。国府大院故址破烂不堪，许多房屋被日军长期作为军需器材仓库。1936 年才落成的文官处办公楼屋顶滴漏，楼面渗水，油漆脱落。西花园植物大部分被毁，亭台楼阁大块起皮，太平湖水异物飘零、脏污发臭……国府大院真是有损首都脸面。日本投降签字仪式本想定在国府大院礼堂举行，后改到了南京中国陆军总司令部礼堂举行。

国府官员们都想尽快离开“山城”重庆，早日回

新六军率先进驻南京，前导吉普车上的人员高举双臂，庆祝抗战胜利

到繁华的南京。蒋介石也想早日回到故都，但因忙于准备内战，对于“还都”之事一度耽搁。时隔数月，依然偏居“陪都”，国内产生微词，国际上也有损战胜国形象。到了1945年底，蒋介石终将“还都”之事提上日程，并且一提就很紧迫！行政院甚至在12月1日就决定先派一部分人员（约1500人）于次年初回南京办公。

国府还都的重要工程，就是维修出新国民政府故址。南京市市长马超俊及行政院院长宋子文的秘书曾大钧等人先后抵达南京，就国民政府及各部办公用房、宿舍的维修及使用进行实地勘测、规划。

国民政府文官处官员为“还都”之事先期抵达南京，对国府大院进行勘察后，马上进行了登报招标维修。经

1945 年的西花园太平湖西岸

竞争筛选后，益兴、鲁创、华德、新艺、新都、泰康、使利、公协、昌华、缪顺兴等厂家先后中标。国民政府拨专款 3 亿多元，要求在 40 天内如期完工，并与厂家签订合同。为了完成这项政治任务，有的厂家出于爱国的考虑，表示宁可不赚钱也要接下这一任务。

1946 年的南京，雨季长、雨水多，一场雨连续下了 20 多天，直接影响到工程的顺利进行。大院维修工

总统府枫桥夜泊碑上的“乙酉夏日西泠王劲父拜观”及印章

程于2月20日开工。可到了4月上旬，工程才完成了三分之二。有的厂家要求南京市政工务局延缓工期。

抗战胜利后至国府还都前，国府大院不但是一个大工地，还供人“免费参观”过。23岁的上海大学学生王劲父，就“乘虚”进入“国府重地”，游览之余还在维新政府制作的枫桥夜泊碑上，用篆书刻上了“乙酉夏日西泠王劲父拜观”11字，并附刻有一方印章。这些字与印章刻得较浅，与其他碑文所刻手法明显不一致。王劲父后来渐享大名，在知道这块碑为汉奸刻制后，对自己年轻时所为深感后悔。

抗战胜利后，国府迟迟没能还都，这在一定程度上是有损国际形象的。蒋介石对还都十分重视，几次召见总务局局长陈希曾询问南京国府大院维修工程进度，要求务必确保在还都大典5月5日举行前完工，这实际上是对工期下达了最高命令。陈希曾立刻致电南京市政府催促工程进度，并再次下令要求必须在4月底完工。南京市政府工务局全力以赴，立即星夜调运建筑材料，令各建筑厂家日夜施工。

5月初，国民政府大院及西花园的维修工程总算基本完成，拆除了部分建筑，新建了文官处宿舍楼、汽车间、印铸局楼、厨房、餐厅等。西花园的部分建筑也有所变动，原先几乎完全环绕的长廊，东南角及南部长廊一并被拆除，太平湖水清淤治理。

仔细对照国民政府门楼还都前后的照片，就可能发

枫桥夜泊碑亭

维修出新后的国民政府礼堂

还都后的国民政府门楼

现一些细节的差异。还都前门楼上的“国民政府”四个字为首任国府主席谭延闿的弟弟谭泽闿所题,金属制作,表面贴金,并加有边框。1945年抗战胜利后,原先的“国民政府”匾额已不知去向,就用紫铜另制四字挂在门楼上,“国民政府”四字也就无框了。抗战前后的“国民政府”四字是两种风格。如“民”字,前有一“、”而后无。后来的“国民政府”四字有点像蒋介石的手迹,但究竟何人所书,尚无定论。

国府还都后,蒋介石在长廊检阅仪仗队

1947 年 4 月 23 日，国民政府改组会议在子超楼国务会议厅举行

5 月 5 日，国府还都仪式如期举行，国民政府门楼加以鲜花彩带装饰，大院里面建筑修饰一新。国民政府的主要机构陆续搬进了刚刚完工的国民政府旧址，国府大院又成为闲人莫入的禁闱之地。为纪念已逝的国府主席林森，将国府路改名林森路，将文官处办公楼改称子超楼，以示纪念。

民国政要“全家福”

国府还都期间，国共双方和谈的同时也剑拔弩张。1946年11月15日，制宪国大在中共、民盟等党派抵制之下开幕，通过《中华民国宪法》。1947年，政府改组。1948年3月29日至5月1日，“行宪国大”在南京召开，修改《宪法》，蒋介石高票当选总统，李宗仁以微弱优势战胜孙科当选副总统。门楼上的“国民政府”换上了“总统府”三个字。

1948年5月20日上午10时，蒋介石在国民大会堂正式就任中华民国总统。其后，蒋介石、李宗仁分别偕夫人前往总统府。11时15分，国民政府各机关首长及文武官员齐集总统府大礼堂内，集体觐贺总统、副总统。11点40分，总统、副总统夫妇及觐贺官员在总统府子超楼前摄影留念。在这民国政要最后的“全家福”

蒋介石、李宗仁在总统府礼堂接受文武官员觐贺

上有许多“怪相”。

首先是人物服装不协调。总统蒋介石身着长袍马褂，副总统李宗仁一身戎装。其他政要也是中西杂陈，马褂、西装、中山装、军服、警服都有，有的“高调”挂满勋章，有的“低调”胸前皆无。按“惯例”，军人参加正式典礼都应摘帽，李宗仁、何应钦、孙连仲、黄杰等人如此，但白崇禧、刘峙、顾祝同、徐永昌、龙云等十余名军官都戴着帽子，这都未免有些失礼。

其次是人物排列有些零乱。茅祖权、陈立夫、戢翼翘、邵力子、莫德惠、章嘉呼图克图、王宠惠、戴季

1948年5月20日，蒋介石、李宗仁就任民国总统、副总统后在子超楼前与觐贺官员们合影

陶、邹鲁、孙科、郭德洁、宋美龄、蒋介石、李宗仁、张群、居正、于右任、周钟岳、何应钦、钮永建、王云五、刘哲、余家菊、何鲁之等24人端坐第一排，这其中包括行政、立法、考试、监察四院正、副院长。不知何故，司法院副院长李文范站到了后排，将第一排座位让给了秘书长茅祖权。第二排的26人站立得还算整齐，但其后几排就有些零乱了，许多参拍人员只得“见缝插针”露个脸，一些低级别官员也“混迹其中”。甘乃光身后之人，只露出左边轮廓，简直就是个“隐身人”。需仔细辨认，才能数清“全家福”上的188人。

“全家福”上的政要也并不全。据《中央日报》报道，参加觐贺的主要官员有国府委员、五院院长及秘书长35人，国民政府顾问11人，国民政府文官、主计、参军三处主要人员15人，政务委员会各部首长及其他

蒋介石就任总统后到办公室就座

主要人员75人，国防战略顾问委员会及军事首长37人，共计173人。参军长薛岳、广东省政府主席宋子文等虽参加觐贺仪式，却没有参加拍照。吴稚晖、张伯苓、胡适等名人也都没有去凑这个热闹，而陈诚、陈立夫等人因病缺席，太原绥靖公署主任阎锡山、西安绥靖公署主任胡宗南、川陕鄂绥靖公署主任潘文华等一些军界要人因战事均未能出席“全家福”。

“全家福”拍完后，众政要一哄而散。通过“全家福”里的“怪相”，我们不难看出国民党政权的风雨飘摇，穷途末路前的“回光返照”。蒋介石就职后就后悔当总统了，与桂系的矛盾也在加深。

副总统李宗仁被蒋介石架空，军国大事会议、重要国事接待因多次接不到通知而缺席，但又不能离开南京。李宗仁要请假赴桂给胞兄吊丧，蒋介石不准假，笑着说："嫂夫人能干，让嫂夫人去料理好了。"李宗仁慨叹自己简直就像个囚犯。

蒋介石的总统日子也不好过，军事上节节失利，经济上政策失败。美国人明确"换马"，支持李宗仁接替蒋介石。面对桂系逼宫，蒋介石先表示"余欲引退，必由自我主动"。

1949年1月21日，蒋介石在重重压力之下表示引退。"让德邻（李宗仁）兄依法执行总统职权，与中共进行和谈"，并且"5年内绝不干预政治，但愿从旁协助"。当天下午，蒋介石偕夫人宋美龄乘飞机离开南京，结束了9个月的总统任期。

由文官长改任总统府秘书长的吴鼎昌等人也跟着蒋介石一起辞职。新上任的秘书长吴忠信虽与桂系关系不错，却更是蒋介石的铁杆把兄弟，在蒋介石的"引退"文告中只字不提"引退""辞职"字样，只言李宗仁"代行总统职务"并正式刊出。

李宗仁大为恼火，责怪吴"太不够朋友"。吴忠信绵里藏针地说："德公，你应该知道自己现在的处境。

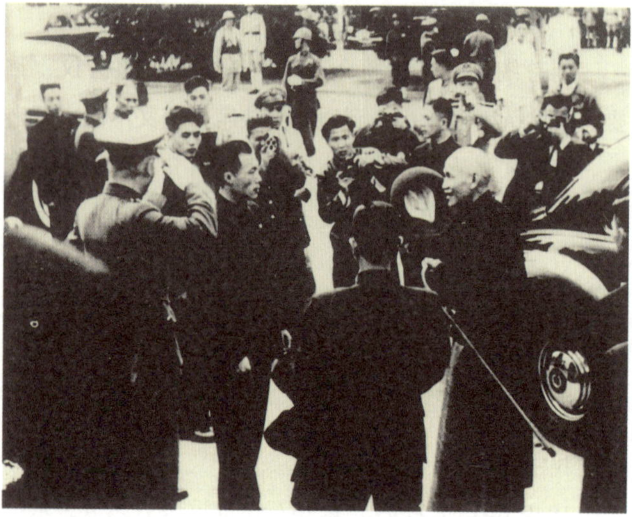

1949 年 1 月 21 日，蒋介石下野，与众人告别离开南京

南京特务横行，你身边的卫士都是蒋先生的人，你还争什么呢？争得不好，任何事情都可能发生。”李宗仁听后只得迁就。

由副总统升任“代总统”的李宗仁虽然换上些桂系人马，但仍感到力不从心。蒋介石早已完成了人员布局，以国民党总裁身份在溪口坐镇，其戎装照挂在总统办公室墙上，就像幽灵一样，掌控着一切。

“小诸葛”白崇禧对李宗仁早有预言：“要当就当‘真皇帝’，如果‘代理’，则将一事无成。”李宗仁很快就尝到了有职无权的滋味，当务之急的“国共和谈”

李宗仁就任“代总统”后，在参军长刘士毅陪同下会见宾客

处处受到蒋介石的节制。

“代总统”李宗仁每凡大事都要请示蒋介石。蒋介石态度强硬，势守半壁江山，实际上已经在准备退路，令大病初愈的陈诚接替魏道明任台湾省主席，为兵败逃离准备最后的落脚点。

沧桑门楼迎曙光

经过三大战役，人民解放军已经取得军事上的优势，屯兵长江北岸厉兵秣马，国民党的政治中心——南京已经完全暴露在解放军火力之下。

1949 年 4 月 20 日，国共和谈破裂，解放军快速形成对南京的合围之势。23 日黎明前，国民党军警、宪兵全部撤离南京，全城成为真空地带，市区秩序混乱。林森路（长江路）、新街口等地开始有人乘虚抢劫，国民政府机关为甚。总统府西侧卫戍司令部所有房屋门窗、家具均被民众拆毁一空，总统府西花园第三局办公地带因与卫戍司令部毗连，也被许多民众乘机闯入，家具等物品遭到严重哄抢。事态如此发展下去将十分严重，有可能波及全总统府大院。在这关键时刻，全院留守的员工开始组织起来维持秩序，总统府房屋、家具才得以保全。有一名员工在保护物品时受了轻伤。

23 日晚，解放军三野在南京江面渡江成功。24 日凌晨，三野第 35 军 104 师 312 团官兵在师参谋长张绍安率领下，率先进入南京挹江门。很快，就与起义警察接上了头，并由他们带路，直向总统府奔去。

24 日清晨，东方透出了一缕曙光，解放军进入南京市区。总统府大铁门紧闭，前院空空荡荡。整个总统府，从前到后，到处飘洒着纸张文件，还不时冒着缕缕

人民解放军沿着中轴线长廊冲向子超楼

解放军官兵坐到了子超楼“国务会议室”

解放军在总统府院内休整

青烟。只有几个房间还闪烁着忽明忽暗的灯光。几名战士用力推开了沉重的镂花大铁门，大队人马立即涌入，很快控制了整个总统府大院，各就各位等候天明。

解放军官兵来到了总统府办公楼。官兵们挨个房间巡视，最先到的是二楼蒋介石和李宗仁的办公室。“总统办公室”“副总统办公室”的木牌还赫然挂着。蒋介石的一张大办公桌上，端放着一套《曾文正公家书》，台钟、笔插、毛笔、镇纸等依次放着，还有一对曾国藩的鸡血石章、一对翡翠石章、两串清代朝珠。蒋介石于1月21日“引退”，李宗仁“主政”当代总统后，并没有进蒋介石的总统办公室“取而代之”，仍然在蒋介石对面的副总统办公室“办公”。在蒋介石办公室的东

蒋介石办公桌

墙上，还挂着一幅他的戎装照片。一切照旧，台历上面显示的是“中华民国卅八年 4 月 23 日星期六农历已丑年三月大代电：梗”。

解放军进入总统府后，立即将国民党的青天白日旗从门楼上扯下，那面青天白日旗也被解放军战士烧掉，并没有被保存下来。由于战地记者没能与先期部队同步进入，解放军攻入总统府的镜头是数天后补拍的。每当我们看到解放军冲入总统府、推开大门、降下国民党青天白日旗、升起一面红旗、吹号、冲入长廊等镜头，特别是那张官兵们在门楼上欢呼雀跃的“人民解放军占领

人民解放军占领总统府

1949年4月27日，南京各界人士在总统府门前欢庆解放

总统府”的著名照片，直到现在都会激动不已！

占领总统府，是中国历史上一个极其重要的事件，它标志着一个旧政权的覆灭和一个新时代的开始。国民党政权虽然还在负隅顽抗，但新中国诞生的曙光已经出现。总统府即将迎来一个新时代。

刘邓大军在进驻之前就对士兵做了“保护文物”的思想工作，总统府秩序井然，一草一木都得到了较好的保护。渡江战役总前委邓小平指出：“总统府是文物，是国家的财富。”

解放军撤出总统府后，军管会进驻并接管，开始对总统府物品进行清理。除了在各个办公室整理国民党来不及带走的文件、家具外，还在总统府的各个地点清理

解放军在总统府长廊站岗

刘伯承与国民党起义将领林遵在总统府内并肩而行

各类物资。总统府得以完好交接，移交清单至今保存在市房产处档案馆。

门楼上的“总统府”三字并没被立马铲除。从1950年人民解放军海军组织官兵到总统府参观的照片上，还能清楚地看到门楼上的“总统府”三字。1958年，总统府的三扇大铁门被拆下回炉大炼钢铁，换上了三扇红色木门。南京解放后，总统府先后成为省政府、省政协、省人大及民主党派等机关单位的办公场所。

保存完好的总统府建筑群

南京总统府建筑群历史悠久，风格迥异，历经中国近现代历史的全过程，是中国近现代史的缩影，具有极高的历史价值、艺术价值、研究价值，在全国有着重要影响，太平天国运动、中华民国建立、民国政府建立、南京解放等许多重大历史事件在此发生延展，承载了众多的历史文化信息，因此成为南京的地标性建筑，为中外游客的必游之地，以遗址为馆址建立南京中国近代史遗址博物馆更是对中国近现代历史的阐释。可以说，总统府建筑群一直以来都受到各级政府和部门的高度重视，得到了有效保护和管理。目前，建筑群内历次核定公布的五块“文物保护单位”标志碑，涵盖了全国、省级、市县级三个文物保护级别，对文物保护范围进行了严格的界定，也展现了文物保护工作的延续和变化。

全国重点文物保护单位“太平天国天王府遗址”

全国重点文物保护单位“孙中山临时大总统及南京国民政府建筑遗存（1912—1949）”

1956 年，“孙中山临时大总统办公室”在江苏省公布的第一批省级文物保护单位中，列于“革命遗址及革命建筑纪念物”类首位。由于第一批全国重点文物保护单位于 1961 年 3 月才公布，因此，这是当时江苏省内文物保护单位的最高级别。

1982 年，“太平天国天王府遗址”以及“革命遗址及革命纪念建筑物”列于第二批全国重点文物保护单位。此时，全国上下仍然受着严重的极“左”思潮影响，文物部门顺应当时的政治形势，以太平天国“天王府遗址”申请全国重点文保单位才可以成功，以达到保护总统府建筑群的目的。但是，建筑群内的民国建筑明确在保护范围之内。2000 年初，许多专家学者都觉得“天王府遗址”名称欠妥。至于用什么名称，还有待商榷。建议的名称有“总统府旧址”“国民政府旧址”等。

2013年5月3日，总统府建筑群再次被列为“国保单位”，名称是“孙中山临时大总统及南京国民政府建筑遗存（1912—1949）”，类别为“近现代重要史迹及代表性建筑”。总统府建筑群终于有了一个合适的国保名称。

另外，由于市级文物保护单位“陶林二公祠”的移建，现在的总统府建筑群内不但立有市级、省级文物保护单位碑，还竖有两块全国文物保护单位碑，这在全国都是少见的。一幢建筑就是一段历史，文保单位的命名经过，也能体现文物保护之路的曲折历程。

总统府建筑群历经沧桑，在一次又一次的扩建、改建、重建过程中，先后产生出8条轴线。通过这大大小小的8条轴线，既能把握到建筑脉络，也能感悟出历史变迁。

1. **中轴线：** 这是总统府建筑群的主轴线，由门楼、大堂、二堂、八字厅、会客厅、麒麟门、政务局楼、子超楼组成。建筑风格前半部分以中式为主，后半部分则以西式居多。

2. **西一轴线：** 由临时大总统秘书处、中山广场、孙中山临时大总统办公室、国民政府参谋本部楼组成。这条线现多以展现孙中山业绩为主题。

3. **西二轴线：** 由太平湖及周边建筑、“图书馆”楼、游客餐厅组成。

麒麟门

礼堂

大堂

八字厅

4. 西三轴线： 由主计处办公楼、桐音馆、花厅、观戏台及孙中山起居室组成。

5. 西四轴线： 主要由贵宾休息室、礼堂、四小院组成，成形于 20 世纪 30 年代。

6. 东一轴线： 主要由东部诸小院、东湖及文官处宿舍楼组成。

7. 东二轴线： 主要由 6 排平房组成。在太平天国及督署时期为马厩，民国时期先后为印铸局工厂、国府军乐队、警卫队、交通队、清洁队及参军处、主计处宿舍。

8. 东三轴线： 主要由陶林二公祠及行政院南、北楼和北门组成。

为便于观众参观，选址在总统府建筑群的南京中国近代史遗址博物馆将开放馆区又分为东、中、西三个区域，设有“洪秀全与天朝宫殿历史文物陈列”“清两江总督史料展”“孙中山与南京临时政府史料展”“国民政府行政院复原陈列”“总统府文物史料陈列”及多个场景复原展览，足以令您畅享近代历史饕餮大餐。“总统府”现已成为中外宾客游览南京的必到之处。

摄于 21 世纪初的总统府建筑群

后记

总统府作为南京的著名景点，是国内外宾客的参观热点。总统府不仅是南京人根深蒂固的地理坐标，也是外地人了解南京、留下记忆的形象坐标。总统府历经风雨，历史文化底蕴深厚。

在总统府工作不知不觉中已有 20 多个年头了。从《解密总统府》到《玩转总统府》，从《蒋介石在大陆的那些事儿》到《总统府匾联碑刻》，从《孙中山就任临时大总统揭秘》到《民国政要最后的“全家福”》，从古时到近代，从事件到人物，从建筑到机构，虽力求从多个角度全面反映总统府，但却难以用一本书展现出总统府的坐标特质。但愿这本书能弥补此遗憾。

本书以总统府的建筑、碑刻、传说和与之有关的重要历史人物、场景为主线，结合最新的发现及研究成果，解惑游客参观中的所见所闻，用20篇相对独立，又密切关联的文章，尝试从一个新的视角诠释总统府从六朝、明清、太平天国到民国的历史，文字尽量做到生动有趣，雅俗共赏，使读者能够在参观中“看得见、摸得着”，觉得历史不再空洞枯燥。

在本书的编写过程中，得到许多专家学者的支持和指导，在此深表感谢。历史真相的揭示，是一个随着史料渐显、研究深入而不断接近的过程。由于时间仓促及水平有限，本书中的尚有不足，一些选题也只能算是提出想法，意在抛砖引玉，欢迎读者们批评指正。

陈宁骏于子超楼

主要参考资料

1. [明] 张廷玉等撰：《明史》，中华书局 1974 年版

2. [明] 顾起元：《客座赘语》，凤凰出版社 2005 年版

3. [民国] 叶楚伧，柳诒征主编：《首都志》，南京出版社 1985 年版

4. [民国] 赵尔巽等撰：《清史稿》，中华书局 2012 年版

5. 郭卿友主编：《中华民国时期军政职官志》，甘肃人民出版社 1990 年版

6. 中国史学会主编：《辛亥革命》（第八册），上海人民出版社 1957 年版

7. 南京市地方志编纂委员会编:《南京房地产志》，南京出版社 1996 年版

8. 李松林：《中国国民党史大辞典》，安徽人民出版社 1993 年版

9. 刘寿林、万仁元、王玉文等编：《民国职官年表》，中华书局 1995 年版

10. 万仁元：《蒋介石与国民政府》，台湾商务印书馆 1994 年版

11. 徐友春：《民国人物大辞典》，河北人民出版社 2007 年版